어떻게 지구를 구할까?

옮긴이 조정훈

군산에서 태어났습니다. 이화여자대학교 불어불문과를 졸업한 뒤 보르도3대학과 파리3대학에서 수학했으며 지금은 전문번역가로 활동하고 있습니다. 『세잔과의 대화』(다빈치), 『르코르뷔지에의 동방기행』(다빈치), 『경제는 거짓말을 하지 않는다』(문학세계), 『원더풀 월드』(문학세계), 『인간들은 왜 신을 두고 싸우는가』(구름서제) 등의 책과 『샤를의 기적』(키즈엠), 『1층에 사는 키 작은 할머니』(키즈엠) 등 다수의 어린이 동화들을 번역했습니다.

천체물리학자가 들려주는 생태위기 이야기

어떻게 지구를 구할까?

생명 위기에 맞서는
청소년들의 행동 선언

오렐리앙 바로 지음
조정훈 옮김

구름서재

이 작은 책이 만들어진 데에는 2018년 9월 3일 〈르 몽드〉지에 필자와 쥘리에트 비노슈 씨가 인류 최대의 위기를 맞아 긴급한 대응이 필요하다는 호소문을 싣고 여기에 과학자, 철학자, 작가, 영화예술가 등 200여 명이 서명한 사건이 계기가 되었습니다. 책을 내면서 이 프로젝트에 앞장서 주신 여배우 쥘리에트 비노슈 씨에게 특별한 감사를 드립니다.

저는 생태학자가 아니라 천체물리학자입니다. 따라서 이 책은 학술적으로 깊이 있는 '주장'을 담고 있지는 못합니다. 다만 저는 지구 생명 종의 한 일원으로서, 그리고 현재의 위기를 먼저 깨달은 한 사람으로서 이 경고의 외침에 앞장서고자 할 뿐입니다. 저는 위기의 지구를 구하기 위한 구체적이고 합당한 묘책을 가지고 있지 못합니다. 그럼에도 불구하고 저는 독자 여러분과 지금의 위기를 분석해 보고 우선 실행 가능한 해결책을 함께 논의해 보려고 합니다. 이런 저의 제안들이 문제를 해결할 수 있는 포괄적인 방안은 못 되더라도 당장 우리가 실천할 수 있는 행동 지침은 될 수 있을 것으로 믿습니다.

저는 이 책을 통해 전문가를 자처하며 특별한 주장을 내세울 생각이 없으며, 행동의 모범을 보여줄 수 있을 것이라고도 생각하지 않습니다. 하물며 "문제의 해결책이 여기에 있다!" 주장할 처지도 아닙니다. 아니, 오히려 저는 저의 생각이 너무 순진하다는 것을 잘 알고 있습니다. 그러나 세계 시민의 한 사람으로서 여기서 제기하는 문제들이 모두의 문제가 되지 않으면 안 되며, 앞으로 모든 정치적 행동의 중심이 되어야만 한다고 생각합니다.

지금 기후학자들과 생태학자들은 상황의 심각성을 어떻게 설명하고 이해시켜야 할지 몰라서 절망에 빠져 있습니다. 이런 상황에서 이 책이 기여할 수 있는 것은 단 하나, 정치인들이 책임을 통감하고 '단호하고', '강력하고', 즉각적인' 조치를 취하도록 압력을 가하는 것입니다. 그리고 자연, 동물, 지구를 대하는 우리의 태도를 완전히 바꾸도록 모두에게 촉구하는 것입니다.

어떤 이들은 저의 제안이 급진적이고 과격하다고 말할 것입니다. 반대로 어떤 이들은 너무 소극적이고 미온적인 태도 아니냐고 이야기할지도 모릅니다. 그러나 중요한 것은 이 모든 주장들이 당장 돌아보고 행동으로 옮기지 않으면 안 되는 절박한 문제라는 사실입니다.

이 책을 쓰는 일이 꼭 필요할까 많이 고민했습니다. 궁극적으로 새로운 사실을 이야기하는 것이 아닐 뿐더러, 책의 출간이 또 다른 환경오염을 불러일으키는 데 그치지 않을까 하는 우려 때문이었습니다. 하지만 세상 종말의 위기 속에서 아무 행동도 하지 않는 것이 가장 나쁜 행동이라고 생각했기에 이 책을 내기로 결심했습니다.

이 작은 책자가 우리에게 주어진 '마지막 기회'를 놓치지 않기 위한 안간힘이었으면 좋겠습니다. 또, 지금 환경을 우리 시대의 가장 중요하고도 유일한 과제로 여기지 않으면 우리의 미래에 큰 죄를 짓는 것임을 경고하는 메시지로 받아들여졌으면 좋겠습니다.

지금의 우리를 바꾸지 않으면 인간을 비롯한 생명들에게 행해지는 우리의 범죄는 앞으로도 계속될 것입니다. 이제는 우리가 세상의 종말 앞에 서 있다는 사실을 깨닫고 인정해야 할 때입니다.

지은이 오렐리앙 바로

 **세 번째 주제** . . . .

어떻게 변해야 하나?

 **네 번째 주제** . . . .

위기와 맞서 싸우려면?

 **다섯 번째 주제** . . . .

기후 행동을 위한 몇 가지 질문과 대답

지구는
정말 위기일까?

생명이란 무엇일까?

생명과 환경으로 이루어진 생태계는 너무나 오묘해서

작은 충격에도 쉽게 무너져 버립니다.

우리는 지금까지 한 번도 경험하지 못했던 상황에 직면해 있습니다. 역사상 우리 인간처럼 지구 전체에 큰 피해를 준 생물은 없었습니다. 우리의 미래가 흔들리고 있습니다. 우리가 마주한 문제는 너무 크고 복잡해서 살아있는 모든 '종'과 '개체'들에게 해당됩니다.

　지구는 약 45억 년 전에 탄생했습니다. 우리가 사는 행성은 나이가 많은 만큼이나 굴곡도 많았습니다. 원시 먼지가 중력으로 응축되고 강력한 운석 충돌이 일어나는 등 시작부터 매우 혼란스러웠죠. 그리고 마침내 40억 년 전쯤부터는 원시 온천의 깊은 곳에 있던 어떤 물질이 특이한 형태를 띠기 시작하며 **생명체**가 빠른 속도로 퍼져나가게 되었습니다.

최초의 생명체가 탄생한 시기는 약 35억 년 전쯤으로 보고 있습니다. 무기물로부터 간단한 유기물이 합성되고 이로부터 복잡한 유기물이 합성되어 최초의 생명체로 발전했을 것입니다. 학자들은 아직 식지 않은 지층의 열기로 뜨거웠을 바다가 최초의 생명체가 탄생했을 가장 적합한 장소로 보고 있습니다.

우리는 이것을 생명이라 부르게 되었지만 지금도 생명이 무엇인지 정확하게 정의 내리지는 못합니다. 물론 사전적인 정의는 내릴 수 있겠죠. 하지만, 이런 정의가 외계에 존재할지 모르는 생명체에게까지 똑같이 적용될 수 있을까요?

'생명'에 대해서는 이렇게 풀지 못한 의문들이 많습니다. 생명체들이 살아가는 방법은 너무 창의적이고 다양해서 생명을 탐구하는 연구자들조차 매번 놀라곤 합니다. 펭귄을 관찰하기 위해 남극까지 갈 필요도 없습니다. 돋보기를 들고 집 앞의 텃밭만 관찰해도 작은 공간 안에 수십 종의 곤충들이 복잡한 세계를 이루며 살아가는 것을 볼 수 있으니까요.

그러나 느리고 오랜 진화 과정을 거쳐 생성되었고, 우리 인간도 그중 한 부분을 차지하는 **생태계**는 너무나 정교해서 작은 충격에도 쉽게 무너지는 특성을 가지고 있습니다.

도대체 생명이란 무엇인가?

생명의 탄생을 이야기하기 전에 먼저 "생명이란 무엇인가"라는 질문에 답할 필요가 있습니다. 생명을 명확하기 정의하기는 어렵지만 대략 다음과 같은 조건을 갖춘 것들을 생명체라고 말할 수 있습니다. 첫째, 자기 자신을 유지하고 존속시키기 위해 외부 세계에서 에너지와 물질을 흡수하는 물질대사를 할 수 있어야 합니다. 둘째, 물질대사를 통해 얻은 물질과 에너지를 통해 환경 변화에도 불구하고 몸을 일정한 상태로 유지할 수 있는 능력, 즉 항상성이 있어야 합니다. 셋째, 자신과 똑같은 복제본을 만들 수 있어야 합니다. 이렇게 해야만 하나의 생명체가 죽더라도 다른 생명체로 이어질 수 있습니다. 넷째, 돌연변이가 필요합니다. 같은 특성만을 가진 개체들만 있다면 환경이 불리하게 변했을 때 적응하지 못하고 모두 죽어버릴 것입니다. 따라서 이전 개체와 다른 DNA를 지닌 다양한 돌연변이 개체가 있어야 불리하게 변한 환경에서도 살아남아 종을 유지할 수 있습니다.

▶ **생명이 갖추어야 할 조건들**

· 물질대사
· 항상성
· 복제
· 돌연변이

생태계ecosystem란 생물들로 이루어진 군집과 생물이 살아가는 물리·화학적 환경이 유기적인 집합을 이룬 단위를 말합니다. 생태계는 크게 생물적 요소와 비생물적 요소로 구분할 수 있습니다. 생물적 요소는 숲이나 과일, 박테리아처럼 살아있는 환경 요소이며 비생물적 요소는 지형, 토양, 물, 공기 같은 것들을 말합니다. 계층적으로는 군집-개체군-개체로 분류할 수 있습니다. 생태계에서 환경적인 요소를 제외한 생물들의 집단만을 가리켜 **군집**community이라 부르고 군집 중 그 생태계 안에 서식하는 같은 종들의 집단을 **개체군**population이라고 합니다. 그리고 어떤 종에 속한 개별 생명체의 단위를 **개체**individual라고 부릅니다.

그런데 지금 이 정교한 건축물이 심각한 붕괴의 위험에 처해 있습니다. 아니, 사실상 이미 무너지기 시작했다고 해도 과언이 아닙니다. 그보다 더 중요한 건 이 재앙의 주범인 우리 인간들도 생태계 붕괴로 인해 위험에 처해 있다는 사실입니다!

대멸종의 시작?

지금 지구상의 생명체들이 급격히 사라지고 있으며 그 진행 속도는 우리가 예상했던 것보다 훨씬 빠릅니다.

그럼 주변을 둘러보며 우리가 지금 얼마나 큰 위험에 빠져 있는지 이야기해 볼까요?

지구에는 약 1천만 종의 생물들이 살고 있습니다. 이 각각의 생물종들은 저마다 예측할 수 없는 놀라운 경로를 거쳐 오늘날까지 살아남았습니다.

그런데 지금 우리 지구에서 여섯 번째 대멸종이 진행되어 대부분의 생물종이 사라질 위기에 처해 있습니다. 이런 사실은 의심할 여지가 없을 정도로 확실합니다. 프랑스 국립과학연구센터

꼭 알아두세요

왜 여섯 번째 대멸종인가?

대멸종mass extinction은 어떤 사건으로 인해 지구상 대부분 생물종들이 광범위한 지역에서 사라지는 것을 말합니다. 우리는 화석을 통해 이런 대멸종의 흔적을 발견할 수 있습니다. 대멸종의 원인은 지층이동, 기후변화, 화산폭발, 행성충돌 등 다양합니다.

과학자들은 지구가 생겨난 이래 지금까지 다섯 차례에 걸친 대멸종이 있었던 것으로 추측하고 있습니다.

첫 번째 대멸종은 지금으로부터 4억4천만 년 전에 일어났으며 생물종 중 85% 정도가 사라진 것으로 보입니다. 가장 큰 멸종은 세 번째 대멸종인데 약 2억5천만 년 전에 일어났으며 해양생물의 96%, 육지생물 70%가 멸종한 것으로 알려져 있습니다. 가장 최근의 대멸종은 6천5백만 년 전 지구상 공룡들을 모두 사라지게 만든 다섯 번째 대멸종입니다. 그 원인은 거대한 운석이 지구로 날아와 충돌했다는 추측이 유력합니다. 이 충돌로 지구의 대기는 먼지파편과 연기로 가득 차 햇빛을 거의 볼 수 없게 되었습니다. 햇빛이 들지 않자 기온이 급격히 낮아져 빙하기가 왔고, 식물들이 말라죽었습니다. 이에 따라 초식 동물부터 최상위 포식자들까지 대부분의 종들이 차례차례 멸종해 갔습니다.

많은 과학자들은 지금 여섯 번째 대멸종이 진행되고 있다고 말합니다. 지난 다섯 번의 멸종이 자연 현상에 의해 천천히 이루어졌다면, 현재 진행 중인 멸종은 인간이란 하나의 종의 손에 의해 매우 빠르게 진행되고 있다는 점이 다르다고 할 수 있습니다.

(CNRS)도 주요 환경생물학 학술지에 게재된 1만3천여 개의 과학 연구 논문들을 분석해 본 결과 과학자들은 현재 멸종이 진행 중이라는 결론에 도달했습니다. 지구상의 생명체들이 급격히 사라지고 있으며 그 진행 속도도 우리가 예상했던 것보다 훨씬 빠릅니다. 새, 곤충, 포유류, 물고기를 가리지 않고 모든 생물군에서 멸종이 진행되고 있습니다.

지난 40년 동안 유럽에서 4억 마리, 미국에서 30억 마리가 넘는 새들이 사라졌습니다. 같은 기간에 야생동물 종의 수는 절반 정도로 줄어들었습니다. 지역마다 차이가 있지만, 지구 전체로 볼 때에도 **생물다양성**이 급격히 감소하는 것은 분명해 보입니다.

생물다양성biodiversity은 지구상에 얼마나 다양한 생물이 분포해 있는지를 나타내는 기준입니다. 생물다양성은 크게 보아 살아있는 **종의 다양성**, 이 생물들이 서식하는 **생태 환경의 다양성**, 생물이 지닌 **유전자의 다양성**을 합한 개념으로 볼 수 있습니다. 생물다양성
이 중요한 이유는 이런 다양성이 유지될수록 자연 생태계가 안정적이기 때문입니다. 자연 속 생명들은 서로 밀접한 관계를 맺고 있어서 한 쪽이 파괴되면 다른 부분도 쉽게 무너져 버리고 맙니다.

기후변화에 관한 정부간 협의체(IPCC)의 생물다양성에 대한 보고서에 따르면, 20세기 초에 비해 멸종한 생물종의 수는 100배

가 증가했다고 합니다. 이 보고서는 생물종의 감소와 함께 생물 개체수도 급격하게 감소하고 있음을 지적하고 있습니다. 아직 멸종하지는 않았지만 그 종 내의 많은 개체들이 죽어가고 있다는 이야기이지요.

독일에서는 1990년 이후 날아다니는 곤충의 수가 80% 감소했다고 합니다. 세계엔 겨우 몇 천 마리의 치타만 야생 상태로 남아 있으며, 사자의 수는 30년 동안 절반으로 줄었고, 오랑우탄은 심각한 멸종 위기에 처해 있습니다. 그리고 불과 11년 동안 박쥐의 3분의 1이 지구상에서 사라졌습니다. '대멸종'의 공포가 현실로 다가오고 있는 것입니다!

엄밀한 의미에서 '멸종'이라고 하면 동물원에서조차 살아있는 표본을 찾아볼 수 없는 상태를 말합니다. 그러나 이런 엄격한 기준을 적용하더라도 사라지는 종의 수는 급격히 늘어나고 있습니다. 그래서 과학자들은 지금의 상태를 "생물학적 전멸biological annihilation"이라 표현하고 있습니다.

종의 수뿐만 아니라 생물의 개체수 또한 줄어들고 있습니다. 한 연구에 따르면 1970년 이후 지구에 있는 척추동물의 개체수는 60%정도 감소했습니다. 환경에 대한 적응력이 훨씬 약한 무척추동물들의 경우 상황은 훨씬 심각합니다. 이것은 인간에 의해 대대적으로 저질러지는 '계획적인 범죄'라고 밖에 볼 수 없습니다.

IPCC(기후변화에 관한 정부간 협의체)

IPCC는 1988년 유엔환경계획(UNEP)과 세계기상기구(WMO)가 공동으로 설립한 유엔 산하 국제 협의체입니다. 현재 190여개의 나라들이 참여하고 있습니다. 기후변화에 관한 과학적 정보를 검토하고 기후변화가 환경, 사회, 경제에 미치는 영향을 평가하여 국제적인 대책을 마련하는 일을 하고 있습니다.

IPCC는 5~7년간의 과학적 자료들을 모아 기후변화와 관련된 특별보고서를 작성하여, 인간의 활동으로 발생한 공해 물질이 기후변화에 어떤 영향을 끼치는지 과학적, 기술적, 사회경제학적으로 분석한 결과를 제공합니다.

1990년 1차 보고서가 나온 뒤 2021년 최근까지 모두 6차례의 보고서가 발표되었습니다. 2007년에는 지구 온난화의 심각성을 널리 알린 공로로 엘 고어 전 미국 부통령과 함께 노벨 평화상을 공동 수상하였습니다.

▶ IPCC 특별보고서 주요 내용

- 1990년 1차 특별보고서 : 앞선 100년 동안 지구 표면의 대기 평균온도는 섭씨 0.3~0.6℃ 상승했으며, 산업 활동과 에너지 이용을 현 상태로 계속 유지할 경우 이산화탄소 배출량이 해마다 1.7배 늘어날 것이다.
- 1995년 2차 특별보고서 : 온실가스가 현재 추세대로 증가할 경우 2100년의 지구 평균 기온은 섭씨 0.8~3.5도 상승하고 해수면도 15~95㎝ 상승할 것이다.
- 2001년 3차 특별보고서 : 기후변화가 자연적인 요인이 아니라 인간에 의해 비롯된 것이며 공해 물질을 현재 수준으로 배출하면 100년 안에 지난 1만 년 동안 겪었던 것보다 심각한 기후변화를 겪게 될 것이다.
- 2007년 4차 특별보고서 : 금세기 안에 지구 평균 기온이 1.8~4.0℃ 상승하고 심각한 폭우, 가뭄, 폭염, 해수면 상승 등이 이어질 것이다.
- 2013년 5차 특별보고서 : 기후변화를 일으키는 온실가스의 양이 80만 년

의 지구 역사상 최고치를 기록하고 있다. 21세기 내에 0.3℃에서 4.8℃까지 지구 평균 기온이 오를 수 있다.

• 2021년 6차 특별보고서 : 2011년부터 2020년까지 지구 기온은 1.09도 상승했다. 온실가스 수준을 지금 수준으로 유지하면 2040년까지 지구 평균 온도는 1.5℃ 넘게 증가할 것이다.

열대우림에 사는 오랑우탄은 심각한 멸종위기 종으로 분류됩니다.

죽음의 땅, 죽음의 바다

지구에 살아 있는 생물 개체수의 0.01%밖에 안 되지만, 인간은
83%에 이르는 생명들의 '죽음'에 직접, 간접적으로 책임이 있습니다.

인간이 사는 도시 면적은 매년 4억 제곱미터씩 늘어납니다. 농지를 개간하기 위한 산림 벌채는 더욱 심각합니다. 현재 지구의 땅 덩어리 중에서 인간의 손길이 미치지 않은 곳은 4분의 1 정도밖에 되지 않는다고 합니다. 이런 추세라면 30년 뒤 사막이나 산악지대, 극지방을 포함해 인간의 손이 닿지 않은 채로 남아있는 곳은 지표면의 10% 정도밖에 되지 않을 것입니다.

　기후환경이 급변하면서 식물 다양성도 급격히 무너지고 있습니다. 그리고 이런 식물 다양성의 붕괴는 다시 지구 온난화를 부추기는 원인이 됩니다. 식물종이 감소하면 토양의 질소 함량이 증가해 토양 온도가 상승하는 **되먹임 고리**가 만들어지기 때문입니다.

되먹임 고리feedback loop란 어떤 결과가 다시 원인에 작용함으로써 결과가 점점 증폭하거나 감소되는 현상을 말합니다. 토양 온도의 상승 외에도, 북극의 영구동토층이 녹으면서 많은 양의 탄소가 배출되면 배출된 탄소가 다시 기온 상승을 불러일으켜 더 넓은 땅을 녹아내리게 하는 악순환이 이루어지는 현상을 예로 들 수 있습니다. 되먹임 고리가 점점 커지는 것을 양의 되먹임 고리라고 하고 점점 줄어드는 것을 음의 되먹임 고리라고 합니다.

식물들은 지금까지의 평균속도보다 350배 빠르게 지구상에서 사라지고 있습니다. 매년 150억 그루의 나무가 베어지면서 지금은 지구상에서 농경이 시작될 무렵의 46% 정도밖에 남아있지 않습니다.

생물다양성의 상징이라 할 수 있는 산호초 지대는 점점 사라지고, **맹그로브** 숲도 급격하게 줄고 있습니다.

맹그로브mangrove는 열대에서 아열대의 얕은 바닷물에 잠겨 성장하는 나무들입니다. 바닷물이 밀려오고 나감에 따라 물에 잠기기도 하는데, 이곳의 나무들은 '호흡뿌리'라는 독특한 기관을 가지고 있어 물에 잠긴 채로 자라날 수 있습니다. 맹그로브 숲은 갑각류, 조개류, 어류뿐 아니라 포유류나 조류, 곤충류 등 다양한 동물들에게 살 공간을 마련해 주어 풍부한 생태 환경을 만들어 줍니다.

거대한 면적의 해저 지층 또한 광물 채굴로 인해 황폐해지기는 마찬가지입니다.

소위 대륙붕이라 불리는 수심 100에서 200미터 사이의 바다에는 과거에 비해 물고기들의 개체수가 1%에서 2% 정도밖에 남아있지 않습니다.

이렇게 매년 약 1조 마리의 바다 동물들이 죽어가고 있습니다. 더 끔찍한 사실은 어망을 끌어올릴 때 물고기들은 갑작스런 감압으로 부레가 터지고 눈알이 튀어나오고 입으로 내장을 쏟기도 하며 고통스럽게 죽어간다는 것입니다. 살아남더라도 몸통이 훼손되거나 질식으로 괴로워하며 서서히 죽음을 맞습니다. 물고기들도 인지능력과 감각능력이 있어 몸이 망가질 때 고통을 느낀다는 사실은 널리 알려져 있습니다. 이렇게 수많은 바다 생물들이 고통을 받는데도 어선들은 3천만 제곱킬로미터에 이르는 바다를 어망으로 훑으며 고기를 잡고 있습니다. 2016년 한 해만도 고기잡이 배들이 총 4천만 시간 동안 지구 지름의 3만5천배에 해당하는 약 4억6천만 킬로미터의 바다를 누비고 다녔습니다. 지금 지구 해수면의 4분의 3에 이르는 면적에서 이런 어업행위가 이뤄지고 있습니다.

이렇게 인간들은 자신들이 사는 육지를 넘어 바다 생물들의 터전마저 파괴하고 있습니다.

현재 대양에는 약 500여 개의 '데드 존dead zone'이 있습니다.

데드존은 유기체들이 살아남을 수 없을 정도로 산소가 희박한 곳입니다. 최근 연구에 따르면 가장 규모가 큰 데드존인 멕시코 만의 '죽음의 해역'에서는 바다로 흘러들어오는 강의 오염으로 인해 데드 존의 면적이 급속히 넓어지고 있다고 합니다.

상어는 4억 년 전부터 살아온 가장 오래된 바다 생물 중 하나

호주 케언즈 코스트의 배리어리프

그레이트 배리어리프,
산호초의 죽음

그레이트 배리어리프Great Barrier Reef는 오스트레일리아 북동쪽의 해안을 따라 뻗어 있는 세계에서 가장 넓은 산호초 지역입니다. 길이 2천 킬로미터에 면적은 35만 제곱킬로미터로, 일본 열도의 크기와 맞먹는 이곳은 세계에서 가장 다양한 해양생물들이 서식하는 곳입니다. 그런데 이곳 세계 최대의 산호초 군락이 죽어가고 있습니다. 화려한 색깔을 자랑하던 산호초 군락은 색이 하얗게 변하는 백화 현상을 보이며 1995년 대비 절반 이상이 파괴되었습니다.

산호초는 해양 생태계를 유지하는 데 중요한 역할을 합니다. 바다의 0.1% 지역만 차지하지만 바다 생물의 25%가 일정 기간 동안 산호초 지대를 서식지로 삼아 필요한 영양분을 얻고 생식하기 때문입니다.

이렇게 풍부한 해양생물들이 서식하면서 인간들에게 식량자원을 공급해 주고 기상이변으로부터 해안지역을 막아주는 방파제의 역할도 해줍니다. 만약 바다에서 산호초 군락이 사라지면 바다뿐 아니라 육지의 생태계까지 무너져 생물종의 대량 멸종으로 이어지게 될 것입니다. 또한 지진과 파도의 충격을 흡수해 주는 역할을 할 수 없게 되어 자연재해의 피해가 더욱 커지고 바닷물이 지하수로 유입되어 식수 및 농업용수도 부족해질 것입니다.

세계문화유산으로도 등재되어 있는 그레이트 배리어리프 지역이 파괴되고 있는 것은 수온 상승과 수질 오염이 가장 큰 원인입니다. 인간이 배출한 이산화탄소의 3분의 1 이상이 바다로 흘러 들어갑니다. 바닷물에 이산화탄소가 녹으면 바닷물의 PH가 낮아지는데 이로 인해 산성도가 급격히 높아져 산호초의 백화 현상이 일어나는 것입니다. 유엔은 지구 평균온도가 1.5℃ 상승하면 세계 산호의 90%가 사라질 것이라고 경고하고 있습니다.

이지만 이제는 상어의 80%가 사라졌고 남아있는 것들도 모두 심각한 생존 위기에 놓여 있습니다. 그런데 이 상어를 먹는 사람들의 수는 매년 8천 9백만 명씩 늘어나고 있다고 합니다.

현재 양서류의 40%, 산호초의 33%, 그리고 바다 포유류의 3분의 1 이상이 생존의 위협을 받고 있습니다. 민물고기는 상황이 훨씬 심각해서, 매년 4% 정도씩 개체수가 감소하는 것으로 나타나고 있습니다. 대형 어종도 지난 40년 동안 88%가 감소했습니다. 지금 이 순간에도 3천 7백여 개의 큰 댐들이 건설 중이거나 계획 중인데 이것이 어종 감소의 중요한 원인이 되고 있습니다. 댐 건설로 인한 플랑크톤 총량의 급격한 감소가 생태계에 심각한 피해를 주기 때문입니다.

지금 지구는 위험에 처해 있습니다. 인간의 수는 전체 살아 있는 생물 개체수의 0.01%에 지나지 않지만 문명이 시작된 이래 83%에 이르는 생명의 '죽음'에 직접 또는 간접적으로 기여했습니다. 이렇게 유례없는 '대학살'이 현재 진행 중이며, 이런 대량 학살은 인간 자신들에게까지 영향을 미치고 있습니다.

인간이란 침략자

인류의 팽창은 다른 생명체의 희생을 통해 이루어져 왔으며,

이런 팽창은 이제 한계점에 이르렀습니다.

지구상의 생명들이 소멸하는(단순한 생물다양성의 감소 문제를 넘어서) 가장 주요한 원인은 인간을 제외한 생명체들의 서식지가 점점 사라지거나 줄어들고 있기 때문입니다. 가령 인간의 손길이 닿지 않았던 북아메리카 대초원의 95%와 열대 사바나의 50%는 이제 '인간 점령지역'이 되어 버렸습니다. 이런 추세는 지구의 거의 모든 영역에서 진행되고 있으며 그 속도도 빨라지고 있습니다.

사람과 인공 구조물들이 늘어나면 낮에 활동하던 동물들도 야행성으로 변하게 됩니다. 지구상 육지 가운데 인간의 발길이 닿거나 인간이 파괴한 면적이 75%를 넘어서면서 많은 동물들이 살 곳을 잃고 말았습니다. 인간의 무자비하고 무차별적인 서식지 확장이 이렇게 다른 생명체들이 사라지게 만드는 첫 번째 원인인 것입니다.

생명이 파괴되는 다른 원인들에 대해서도 우리는 잘 알고 있습니다. 자원을 독점하려는 인간의 욕심은 생명을 파괴하는 주요한 원인이며 자원을 채취하고 개발하는 과정에서 생기는 환경오염도 장기적으로나 단기적으로 생명을 파괴하는 주범입니다.

한 종이 멸종하면 그 종에 크게 의지하는 다른 종이 함께 멸종하는 '먹이사슬'에 대해서는 모두들 알고 계실 겁니다. 우리가 잡아먹기 위해 번식력이 강한 종을 들여오면 다른 동물들이 위협을 받게 됩니다. 식량을 얻기 위한 **집약농업**이나 살충제의 남용도 생물다양성을 급격히 파괴하는 중요한 원인입니다.

집약농업intensive agriculture이란 단위 농지에서의 생산량을 최대한 늘리는 경작 방법을 말합니다.

최근 벨기에에서는 죽은 박새 표본의 95%에서 살충제 중독이 확인되었는데, 몸 속에서 이미 10여 년 전에 사용이 금지된 DDT를 포함한 36종의 살충제가 검출되었습니다.

이것만 보아도 이상 기후만이 우리가 우려하는 재앙의 유일한 원인이 아니라는 것을 알 수 있습니다. 물론 기후이변은 지금 진행 중인 재앙의 가장 큰 요인이며, 앞으로도 더 큰 영향을 미칠 것입니다!

현재 세계 전체의 6%가 유네스코가 정한 **생물권 보전지역**으로 (세계유산과 지질공원 252곳도 포함하여) 지정되어 있습니다.

> **생물권 보전지역**biosphere reserve은 유네스코에서 선정하는 3대 보호지역(생물권 보전지역, 세계유산, 세계지질공원) 중 하나입니다. 세계적으로 보전할 가치가 있다고 인정되는 생태계 지역에 대해 생물다양성을 보전하고 지역사회의 발전을 도모하며 문화가치를 유지하기 위하여 유네스코가 지정합니다. 유네스코 생물권 보전지역으로 지정되면 자국의 관련 법률에 따라 체계적으로 관리하고 무분별한 개발이 억제됩니다. 현재 우리나라는 설악산, 제주도, 신안 다도해, 광릉숲 등 12곳이, 북한은 백두산, 묘향산 등 5곳이 생물권 보전지역으로 지정되어 있습니다.

하지만 멸종하는 동물들을 보호하기엔 너무나 부족한 면적입니다. 동물 서식지의 급격한 감소는 개체군의 감소와 멸종으로 이어질 수밖에 없습니다. 인류의 팽창은 이렇게 다른 생명체의 희생을 통해 이루어져 왔으며, 이제 한계점에 이르렀습니다. 이렇게 자신의 영역을 넓혀 왔음에도 아직 대부분의 사람들이 열악한 주거 환경에서 살고 있다는 것은 부의 재분배가 이루어지지 않았다는 것이며 우리의 자연에 대한 태도가 바뀌지 않는 한 근본적인 문제 해결이 어렵다는 이야기입니다.

　인간이 점유하지 않은 공간을 우리는 "미개척지"라고 부릅니다. 하지만 이것은 매우 부적절한 용어입니다. 인간이 아니어도 수없이 많은 거주자들이 살고 있기 때문입니다. 이제는 인간이 다른 생명들의 보금자리를 함부로 침범하는 것을 막아야 합니다. 근본적인 변화가 있을 때까지 보호구역을 늘리고 봉쇄하여 벨트로 연결해야 합니다.

지구 평균 온도가 올라가면?

**대부분의 과학자들은 지구의 기후가 올라간 것이
인간들의 활동 때문이라고 확신하고 있습니다.**

최근 연구 결과는 우리가 오래 전부터 알고 있던 사실을 다시 확인해 주었습니다. 즉 "지구 온난화가 인간의 활동으로 인해 발생했다"는 사실(통계적으로 이 주장이 틀릴 확률은 0.0005% 미만)입니다. 과거와 달리 기온 상승이 생명체들이 적응할 수 없을 정도로 빠르게 진행되고 있다는 점은 특히 걱정스럽습니다.

미래의 지구 온난화 수준을 수치로 예측하는 것은 불가능합니다. 하지만 매년 업데이트되는 자료들을 보면 초기에 추정했던 것보다 속도가 빨라지고 있어 곧 **티핑 포인트**에 이르게 될 것이라는 예측이 지배적입니다.

티핑 포인트tipping point란 어떤 현상이 서서히 진행되다가 다시 회복될 수 없는 극적인 전환점에 이르게 되는 순간을 말합니다. 많은 기후학자들이 더 이상 돌이킬 수 없는 지구 평균 기온 상승의 티핑 포인트를 1.5도로 보고 있습니다.

지구 온난화가 불러일으키는 연쇄반응은 지구의 제어 시스템을 마비시켜 가뜩이나 취약한 생태 균형을 한순간에 무너뜨릴 것입니다. 어떤 경우든 그 결과는 극지방의 빙하와 만년설이 녹아내리고, 해수면이 상승하고, 섬과 해안들이 사라지고, 대규모 산불이 일어나고, 치명적인 질병이 늘어나고, 태풍과 돌풍이 거세지고, 폭우와 홍수가 빈번해지고, 극심한 더위로 사막화가 진행되고, 많은 동물들이 멸종하고, 개체수가 현저하게 줄어드는 것으로 나타날 것입니다.

전 세계의 이산화탄소 배출량은 2017년 이후 다시 증가하여 410억 톤에 이르렀는데 이는 역사상 최고치에 해당합니다. 지구 온난화가 지금의 예측을 뛰어넘어 통제할 수 없는 연쇄반응을 일으킬 것이라는 가설이 매우 심각하게 받아들여지고 있습니다.

2018년 이산화탄소 배출량의 상승폭을 감안했을 때 기온을 통제 가능한 수준에 머물게 하려면 앞으로 10년 동안 배출량을 40%정도 줄여야 한다는 계산이 나옵니다. 만약 지금 속도로 간

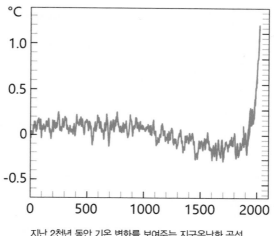

지난 2천년 동안 기온 변화를 보여주는 지구온난화 곡선

다면 다음 세기로 넘어갈 무렵에는 기온이 6℃ 정도 상승하게 돼 상상하지 못할 규모의 대참사로 이어질 것입니다.

2015년 프랑스에서 정부가 제시한 소극적인 탄소 배출 목표치가 2016년 이후에는 지켜지지 않고 있습니다. 운송이나 가정 등의 민간 분야에서도 약속된 목표치에 미달했습니다. 대부분의 나라들은 탄소중립의 약속을 지키지 못하고 있습니다. **탄소중립**의 약속을 지키기 어려운 것은 지구 온난화에 책임을 져야 할 나라들(부국)과 이로 인해 타격을 입는 나라들(빈국)이 다른 것도 한 몫을 합니다.

탄소중립carbon neutral이란 기업이나 개인이 발생시킨 이산화탄소 배출량만큼 이산화탄소 흡수량도 늘려 실질적인 이산화탄소 배출량을 영(zero)으로 만드는 것입니다. 지금 각 나라들은 지구 온난화의 주범인 이산화탄소의 배출량을 조절하기 위해 탄소중립 운동을 활발히 벌이고 있습니다. 탄소중립을 실현하는 방법으로는 배출한 탄소량을 상쇄할 만큼 나무를 심거나, 풍력, 태양력 같은 저탄소 에너지를 늘리는 일 등이 있습니다. 온실가스 배출권 거래제나 탄소세도 좋은 방법 중 하나입니다.

해마다 환경오염으로 7백만 명 가량이 죽어간다고 합니다. 산업화가 급속히 이루어지고 있는 가난한 나라들에서 더 많은 피해를 떠맡을 수밖에 없습니다. 아무리 좋게 표현해도 지금의 상황은 매우 심각하다고 말할 수밖에 없습니다.

온실가스 ▶ 온실 효과 ▶ 지구 온난화

온실가스greenhouse gases는 지구상 대기 중에 가스 상태로 머물면서 지표면에서 반사되는 복사에너지를 흡수해 온실 효과를 불러일으키는 물질들입니다. 지구 온난화를 막기 위해 교토의정서에서 규제대상으로 정한 6대 온실가스는 이산화탄소(CO_2), 메탄(CH_4), 아산화질소(N_2O), 수소불화탄소(HFCs), 과불화탄소(PFCs), 육불화황(SF) 등입니다. 이 중 이산화탄소의 비중이 80퍼센트 가량이나 되기 때문에 온실가스 배출량을 계산할 때엔 다른 온실가스들도 이산화탄소로 환산하여 계산합니다.

온실 효과greenhouse effect는 태양으로부터 지구로 온 에너지가 대기 중 가스입자에 막혀 밖으로 빠져나가지 못하고 지표면과 대기권을 데워주는 현상을 말합니다. 그동안은 이 온실 효과로 인해 온도가 적당히 유지되면서 지구 생명체가 살아가기에 적당한 상태를 유지할 수 있었지만, 산업화 이후 대기 중 온실가스 농도가 짙어져 평균 기온이 단기간에 큰 폭으로 오르면서 지구 온난화는 인류의 생존을 위협하는 문제가 되었습니다.

지구 온난화global warming는 지구의 평균 기온이 점점 높아지는 현상을 말합니다. 지구의 기온은 빙하기가 반복되면서 자연적으로 오르고 내리기를 반복했습니다. 하지만 현재 진행 중인 지구 온난화는 자연현상이 아니라 산업화와 인구 증가 그리고 무분별한 자연 훼손이 원인입니다. 또한 매우 빠른 속도로 진행되고 있다는 점에서 이전의 자연적인 기온 변화 현상과 다릅니다. 산업혁명 이후 인구가 크게 증가하고 석탄 등의 화석연료를 대량으로 사용하면서 지구의 평균 기온은 1도 이상 상승했습니다. 지난 2만 년 동안 지구 온도가 6.1℃ 정도 올랐다는 것을 감안하면 최근 백 년 동안 온도가 1℃ 넘게 오른 것을 자연현상이라고 보기는 어렵습니다. 이 때문에 대부분의 과학자들은 온난화 현상이 인간의 활동으로 인해 발생한 것이라 확신하고 있으며, 지금 온난화를 막지 못하면 인간뿐 아니라 지구 생태계 전체에 커다란 위기가 닥칠 것이라고 경고하고 있습니다.

뜨거운 지구 탈출

**기후이변으로 삶의 터전을 떠나는 '기후난민'이 늘어나면서
세계 각지에서 분쟁이 일어날 가능성이 높아지고 있습니다.**

최근 한 연구는 21세기 말까지 20일 이상 지속되는 살인적인
폭염에 시달리는 인구가 74% 늘어날 것으로 예상하고 있습니다.
최근 아프리카의 사헬 지역에 발생한 극심한 가뭄은 지난 1천6백
년 동안 유례를 찾아 볼 수 없을 정도입니다. 세계의 산불 발생율
도 불과 몇십 년 사이에 4.5배나 증가했습니다.

지금 17개국의 나라들이 '물 기근' 상태에 있으며 유럽을 포함
한 27개 나라들은 '물 부족' 상태에 있습니다. 머지않아 세계 인구
의 25%가 '물 부족' 상태에 놓일 것으로 예측됩니다. 식수가 모자

온실가스 배출을
줄이기 위한 정책들

온실가스 배출권 거래제emission trading scheme는 일정 동안 일정 수준까지만 온실가스를 배출할 수 있도록 기업들에게 권리를 주고, 이를 넘어서는 부분은 온실가스를 적게 배출하는 기업으로부터 살 수 있게 하는 제도입니다. 온실가스 할당량이 적은 기업은 남은 배출권을 시장에 팔아 수익을 얻을 수 있으며, 배출 비용이 많이 드는 기업은 배출권을 구입하여 비용을 절감할 수 있습니다. 우리나라에서는 '저탄소 녹색성장기본법'에 의거하여 2015년부터 온실가스 배출권 거래제를 시행하고 있습니다.

탄소세carbon tax는 지구 온난화를 방지하기 위해 석유, 석탄 등 이산화탄소를 배출하는 화석에너지의 사용량에 따라 세금을 부과하는 제도입니다. 세금을 부과하면 화석연료의 가격을 전체적으로 높여 소비를 억제할 수 있을 뿐 아니라 여기서 거두어들인 세금으로 대체 에너지 개발에도 힘을 쏟을 수 있습니다. 현재 탄소세를 실시하고 있는 나라는 스웨덴, 핀란드, 덴마크, 노르웨이 등의 몇 나라뿐이지만 시행하는 나라가 점점 늘고 있습니다.

탄소국경세Carbon Border Tax는 온실가스 배출량이 많은 국가에서 적은 국가로 상품이나 서비스를 수출할 때 적용하는 추가 관세입니다. 자기 나라보다 이산화탄소 배출이 많은 국가에서 생산되어 수입되는 제품이나 서비스에 대해서는 추가로 탄소국경세를 부과할 수 있습니다. 유럽연합과 미국이 이 세금을 추진하고 있습니다.

라는 지역의 사람들은 오염된 물을 마실 수밖에 없는데, 더러운 물은 매년 세계적으로 5백만 명 가량의 사람들을 죽게 만들며 다른 식물과 동물 개체군에도 치명적인 영향을 미칩니다. 2019년 여름 그린란드에서는 하루에만 110억 톤의 얼음이 녹아내렸고, 같은 해 여름 아마존의 화재 발생률은 그전 해에 비해 83%나 증가했습니다.

이런 추세라면 세계적으로 엄청난 수의 기후난민이 발생할 것

물동이를 이고 가는 아프리카 어린이

입니다. 앞으로 30년 뒤면 2억에서 5억 명에 이를 것으로 예상됩니다. 난민들의 대규모 이동은 세계 각지에서 전쟁이나 분쟁을 일으킬 것입니다. 지금까지의 역사를 보아도 이런 상황은 피할 수 없을 것으로 보입니다.

유엔 보고서에 따르면 2018년 한 해 아프가니스탄의 사막화로 삶의 터전을 떠난 사람이 전쟁 때문에 떠난 사람보다 훨씬 많다고 합니다. 인구가 많은 지역에서도 더 이상 사람이 살 수 없는 곳이 늘어나게 될 것입니다. 예를 들어, 2070년에는 중국 영토의 많은 지역이 사람이 살 수 없는 곳이 될 것이라고 말합니다.

꼭 알아두세요

우리나라도 물 부족 국가?

국제인구행동연구소(PAI)에서 세계의 국가들을 대상으로 물 부족 상태를 분류합니다. 강우 유출량을 인구수로 나누어 1인당 사용 가능한 물의 양이 1,000㎥ 미만이면 물 기근water-scarcity 국가이고 1,000㎥ 이상에서 1,700㎥까지는 물 부족water-stressed 국가, 1700㎥ 이상은 물 풍요relative sufficiency 국가로 나눕니다.

쿠웨이트, 몰타, 바레인, 싱가포르 등 19개국이 물 기근 국가로 분류되어 있으며 우리나라와 모로코, 이집트, 남아프리카공화국, 벨기에 등이 물 부족 국가로, 미국, 영국, 일본 등 119개국은 물 풍요 국가로 분류되어 있습니다.

우리나라는 강수량이 풍부하지만 많은 물이 바다로 유실되고 계절마다 차이가 많아 물 부족 국가로 분류되고 있습니다.

2018년 여름 알제리의 기온은 51℃를 넘어섰고, 오만에서는 밤 기온이 42℃ 이상을 유지했습니다. 이런 온도에서는 사람의 몸이 제대로 기능하지 못합니다. 더위 때문에 몸의 피가 모세혈관으로 역류하면 다른 장기에 피를 제대로 공급하지 못하게 됩니다. 뇌가 충분한 영양을 공급받지 못할 뿐더러 심장은 피를 공급하려고 강한 펌프질을 계속하다가 결국 기능을 잃고 맙니다.

이것은 동물들도 마찬가지입니다. 지구의 온도가 높아지면서 많은 동물들이 참기 힘든 더위로 고통 받으며 죽어가고 있습니다. 기온이 갑자기 오르면 서로 공생하던 동물도 행동의 균형이 깨지며 공격적으로 변합니다. 이렇게 지구상의 많은 척추동물들이 몇십 년 안에 더위 때문에 사라질 것입니다. 식물들도 예외는 아닙니다. 지금 추세대로라면 전체 식물의 4분의 1에 이르는 종들이 지구상에서 사라질 위기에 있습니다.

1.5℃가 중요한 이유

2015년 파리에서 열린 유엔 기후변화협약 당사국총회에서 195개국이 모여 지구 평균온도가 산업화 이전 수준 대비 2℃ 이상 상승하지 않도록 온실가스 배출량을 단계적으로 감축한다는 내용의 협약을 체결하였습니다. 참여 당사국들이 온실가스 감축 목표를 스스로 정해 약속을 통해 목표를 실천하고, 국제사회가 그 이행 여부를 공동으로 검증하도록 하는 구체적이고 실천적인 약속을 했습니다. 2017년 미국의 트럼프 정부가 일방적으로 탈퇴하는 등 난항을 겪기도 했지만 여전히 세계 대부분의 국가들이 참여하며 협정을 이행 중입니다.

이 협약은 지구 온도 상승에 대응하지 못하면 기후이변으로 더 이상 회복할 수 없는 상태에 이르게 될 것이라고 경고하고 지구의 평균 기온을 기온 관측이 시작된 1860년대보다 2℃ 아래서 억제하고 1.5℃를 넘지않는 것을 목표로 삼기로 했습니다.

그러나 2018년 인천 송도에서 열린 IPCC 제48차 총회에서 회원국 만장일치로 채택한 '지구온난화 1.5℃ 특별보고서'에서는 현재 평균 기온은 이미 1.09℃ 상승한 상태이며 지금의 추세대로라면 2030년에서 2052년 사이에는 평균 기온 1.5℃ 상승에 도달하게 될 것이라고 경고하였습니다. 보고서는 이에 따라 2100년까지 지구의 평균 기온 상승 폭을 1.5℃ 이하로 억제할 필요가 있으며 이를 실현하기 위해 2030년까지 이산화탄소의 배출량을 지금의 절반 이하로 낮추기 위해 전 세계가 노력할 것을 촉구하고 있습니다.

질식 당하는 생명들

온실가스와 각종 쓰레기로 인한 대기오염 수준은 심각해서 해마다 7백만 명 정도의 인구가 대기오염과 관련된 질병으로 사망하는 것으로 보고됩니다.

유엔은 앞으로 2년 안에 획기적인 방향 전환을 하지 않으면 우리 모두 '직접적인' 생존의 위협에 처하게 될 것이라고 경고합니다. 이것은 결코 가볍게 지나칠 문제가 아닙니다. 지구 생태계 변화 속도는 일정하지 않아, 어느 단계에 이르면 돌이킬 수 없는 상황에 이르게 됩니다. 유엔은 현재 각국이 제시하고 있는 지구 온난화의 목표치가 매우 미흡하다고 경고하고 있지만, 그 마저도 달성하지 못하고 있는 것이 지금의 현실입니다.

지난 50년 동안 대기 중 이산화탄소 농도는 단순한 증가를 넘

지구 온난화를 막기 위한
최초의 국제 협약들

국제사회가 처음으로 기후변화로 인한 위기에 대응하기 위한 방안을 구체적으로 논의한 것이 1992년 리우에서 개최된 유엔기후변화협약(UNFCCC)에서였습니다. 이 대회에 모인 세계 192개국이 온실가스의 배출을 제한해 지구 온난화를 방지하기 위한 협약에 동의하였고 지구 온난화의 주범인 이산화탄소의 배출 규제를 위한 노력을 약속하였습니다. 협약 내용은 1)온실가스의 배출을 줄이기 위해 모든 온실가스의 배출량과 제거량을 조사해 협상위원회에 보고하고 2)기후변화 방지를 위한 국가계획을 작성하며 3)매년 한 번씩 주요 사안들에 대해 결정하는 당사국총회에 참석한다는 것이었습니다. **리우환경협약**이라 불리는 이 협약은 법적 구속력이나 강제성이 없다는 한계를 가지고 있었고 1997년의 교토의정서에 이르러 비로소 실질적이고 구체적인 이행 방안이 나오게 됩니다.

1997년 12월 일본 교토에서 개최된 기후변화협약 당사국총회에서는 온실가스의 감축 목표와 감축 일정을 위한 구체적인 이행방안을 채택했습니다. **교토의정서**라 부르는 이 의정서를 통해 통해 회원국 37개국은 2012년까지 온실가스 총배출량을 1990년보다 평균 5.2% 감축하기로 협의하고 각국의 배출량 감소 계획을 구체적으로 약정하였습니다. 또한 온실가스 감축 목표를 초과하면 초과량만큼 다른 나라에 팔 수 있도록 하는 온실가스 배출권 거래제를 시행하기로 했습니다. 그러나 최대 온실가스 배출국인 중국과 미국이 빠지고 이후 캐나다, 러시아, 일본마저 빠지는 등 유명무실한 협약이란 비판을 받게 되었습니다.

2020년 효력이 끝나는 교토의정서를 대채할 새로운 기후협약을 논의한 것이 바로 **파리 기후협약**입니다. 2015년 파리에서 열린 21차 유엔 기후변화협약 당사국총회에서는 195개국이 모여 산업화 이전 대비 지구 평균온도가 2℃ 이상 상승하지 않도록 온실가스 배출량을 단계적으로 감축한다는 내용의 합의를 이루어냅니다. 이 협약은 세계 온실가스 배출량의 90% 이상을 차지하는 195개국이 합의했다는 점과 나라마다 온실가스 감축 목표를 자발적으로 정해서 제출토록 하여 구체적인 실효성을 가지게 되었다는 점에서 의미가 있습니다.

어 가속도가 붙고 있으며 이는 지난 80만년 이래 최고 수준입니다.

영구 동토층이 해빙되면 이산화탄소보다 훨씬 크게 온난화를 유발하는 메탄(게다가 심각한 병원균까지)을 방출합니다. 또, 빙하 속에는 80만 톤의 수은이 들어 있기 때문에 식수로 흘러 들어가면 심각한 오염이 발생합니다. 산 위에 쌓인 눈들도 마찬가지입니다. 이것들이 한꺼번에 녹아 많은 물들이 쏟아져 내리면 담수량이 부족해져서 20억 명의 사람들에게 직접적인 영향을 미칩니다.

태평양에는 플라스틱으로 덮인 바다 면적이 160만 제곱킬로미터(대한민국 면적의 약15배)에 이르는데 최근 연구에 따르면 이 면적이 기하급수적으로 늘어나고 있다고 합니다.

2015년 기준으로 바다에는 약 1억5천만 톤에서 8천5백만 톤의 플라스틱 쓰레기가 떠다니고 있습니다. 한 연구 논문에 따르면 매년 8백만 톤 이상의 플라스틱이 추가로 바다로 흘러 들어가는 것으로 추정됩니다. 바다에 쌓이는 플라스틱 쓰레기 중의 80% 이상이 강을 통해 육지에서 떠내려온 것들입니다.

매년 약 100만 마리의 새와 약 10만 마리의 바다 포유류들이 플라스틱으로 인해 죽어가는 것으로 추정됩니다. 지금 추세대로 라면 앞으로 30년 동안 생활 쓰레기 생산량은 70% 늘어 30억 톤이 넘을 것입니다. 이런 오염물질은 사람의 건강과 환경 모두에게 큰 영향을 미치는데, 역설적이게도 이를 처리하는 비용이 오염물질의 배출을 급격히 줄이는 것보다 훨씬 많이 듭니다.

　현재도 매년 2억5천만 톤 가량의 플라스틱 쓰레기가 발생합니다. 그리고 매 초마다 약 80만 킬로그램의 바위와 모래가 콘크리트를 만드는 데 쓰입니다. 세계에서 배출되는 쓰레기의 81%는 재활용되거나 퇴비로도 쓰이지 못하고 쌓여 갑니다. 참고로 플라스틱 병 하나가 완전 분해되는 데는 약 천 년의 시간이 걸립니다.

　도시 인구의 80%는 세계보건기구(WHO)의 권고에도 못 미치는 수준의 오염에 노출된 채 살고 있으며, 2008년과 2013년 사이의 짧은 기간 동안 도시 공기의 질은 8% 이상 나빠졌습니다.

　2018년 세계보건기구(WHO)가 내놓은 대기오염 보고서에 따르면 서구의 부자 나라일수록 공기의 질이 깨끗한 반면 중동, 동남아 등 중·저소득 국가는 대기오염도가 기준치에 비해 최대 10배가 넘는 것으로 조사되었습니다. 대기 오염의 수준도 심각해서 중·저소득 국가의 도시들의 미세먼지와 초미세먼지 수준은 최대 권장 기준치의 10배가 넘는 것으로 나타났습니다. 이 보고서는 해마다

700만 명 정도가 대기오염과 관련된 질병으로 사망한다고 밝히고 있습니다.

게다가 숲은 바다와 더불어 이산화탄소의 최대 흡수원입니다. 지금부터 4백 년 전만 해도 지구 표면(바다를 제외한)의 70% 이상이 숲이었습니다. 그러나 지금은 숲의 면적이 30%를 넘지 못합니다. 게다가 숲의 70%가 반경 1킬로미터를 채 넘지 못할 정도로 크기가 작아졌습니다.

매년 8만 제곱킬로미터의 숲이 벌목되어 없어집니다. 이렇게 사라지는 숲의 넓이는 계속 증가하고 있으며 그 속도도 빨라지고 있습니다. 이런 추세라면 파라과이나 라오스, 적도기니의 원시림들은 10년 뒤면 모두 사라지고, 다음 10년 뒤에는 아프리카와 아시아 등 다른 나라에서 똑같이 숲이 사라질 것입니다.

지구상에 살았던 종이 멸종에 이르는 원인으로는 무엇이 있었는지 사례들을 조사해 봅시다.

#멸종 #생물종 #환경 #서식지 #보호종 #레드리스트 #절멸종 #위기종

정말 우리는 지금 대멸종의 위기 속에 있는 걸까요? 지구 생물들이 태어난 이래 지금까지 다섯 번의 대멸종이 있었다고 합니다. 우리에게 닥칠지도 모르는 여섯 번째 대멸종이 지난 시절의 대멸종과 어떻게 다른지 함께 이야기해 봅시다.

#대멸종 #화산폭발 #운석 #소행성 #빙하기 #공룡 #화석

우리나라 정부는 탄소중립의 세계적 노력에 부응하기 위해 2020년 12월 2050 탄소중립 추진전략을 발표하였습니다. 이 탄소중립 전략의 목표와 실행 방안이 무엇인지 조사하고 무엇이 빠져 있는지도 살펴 봅시다.

#2050 #탄소중립 #추진전략 #3대정책방향 #10대과제

나는 일주일에 육류를 얼마나 많이 섭취하는지, 어떤 육류를 주로 섭취하는지 식단을 체크하고 친구들과 비교해 봅시다.

#채식 #비건 #식단 #육류소비

우리 정부가 발표한 2050 탄소중립 추진전략에서는 1)경제구조의 저탄소화, 2)신유망 저탄소 산업 생태계 조성, 3)탄소중립 사회로의 전환 등 3대 정책 전략을 제시했습니다. 이 3대 정책 전략이 무엇을 의미하는지 알아보고 구체적인 사례들을 조사해 봅시다.

#2050 #탄소중립 #추진전략 #3대정책

▶ 경제구조의 저탄소화 :

▶ 신유망 저탄소 산업 생태계 조성 :

▶ 탄소중립 사회로의 공정전환 :

유네스코에서 선정하는 3대 보호지역인 생물권보전지역, 세계유산, 세계지질공원에 대해 알아봅시다.

우리나라에서 보호구역으로 지정되어 있는 곳은 어디가 있는지 조사해 봅시다.

이 중 내가 가본 곳이 있다면 친구들에게 소개하고 보았던 소감을 얘기해 보세요.

#유네스코 #국제보호지역 #생물권보전지역 #세계유산 #세계지질공원

▶ 생물권보전지역 :

▶ 세계유산 :

▶ 세계지질공원 :

두 번째 주제

· · · · · · ·

무엇을
해야 하나?

먹는 것부터 바꾸자!

우리의 식단을 모두 채식으로 바꾸면 온실가스의 70%를 감소시킬 수 있으며 510만 명을 굶주림에서 구할 수 있습니다.

지구의 재앙을 피하기 위해 당장 행동에 옮길 수 있는 지침들은 많습니다. 물론 구체적인 적용 방법들은 상황에 따라 달라질 것입니다. 이 책에 구체적인 내용을 모두 담기에는 내용이 너무 방대합니다. 하지만 한 가지 분명한 사실은 어떤 경우든 '대가'를 치러야 한다는 것입니다. 경제적으로만 따져 보아도 행동하지 않으면 더 큰 '대가'를 치르게 될 것은 분명합니다. 지금 우리가 마주한 문제는 너무나 크고 중대해서 규모를 예측할 수 없을 정도입니다.

그러나 가장 단순하고 기본적이며 필요한 해결책은 소비를 줄이는 것입니다. 자원이 유한한 세계에서 자원 사용을 무한정으로 늘리는 것은 불가능합니다. 이런 상태가 지속되면 생태계는 어느 한순간 균형을 잃고 급격히 무너지게 됩니다.

소비를 줄이는 것은 지구 시스템의 붕괴를 막는 데에 가장 핵심적인 요구사항입니다. 그러나 소비를 줄이게 되면 경제성장은 멈추거나 후퇴할 수밖에 없습니다. 우리가 지금까지 누리던 여러 가지 편리한 혜택을 더 누릴 수 없게 될 수 있다는 이야기입니다.

하지만 경제성장의 결과 우리의 목숨이 위협받게 된다면 그것이 무슨 소용이 있을까요? 맹목적인 성장의 추구는 우리로 하여금 목적과 수단을 혼동하게 만듭니다.

소비를 줄이는 방법과 관련하여 아직 선택해야 할 문제가 또 있습니다. 즉 개인의 자발적 의지에 맡길지, 모두가 따라야 할 정치적 결정에 맡길지를 선택해야 하는 것입니다.

첫 번째의 자발적인 방법은 유연하지만 강제력이 약합니다. 냉난방기 사용 자제나 대중교통 이용, 채식 위주의 식단처럼 일상생활에서 실천할 수 있는 것들의 목록은 무한히 많습니다. 특히 식생활 개선은 매우 중요한 실천 항목 중 하나입니다. 식단을 채식으로 바꾸면 환경에 아주 유익한 결과를 얻을 수 있습니다.

목축은 환경 파괴를 가장 많이 일으키는 산업입니다. 1킬로그램의 소고기를 얻으려면 1만 리터의 물이 필요하며, 고기 1칼로리를 위해 동물은 4에서 11칼로리의 식물을 섭취해야 합니다. 또한, 축산업은 교통을 포함한 인간의 어떤 활동보다도 많은 온실가스를 배출합니다.

유엔식량농업기구(FAO)에 따르면 축산업을 통해 배출되는 온실 가스는 세계 전체 배출량의 약 16.5%에 이르러서, 13%를 배출하는 교통수단보다 많습니다.

고기를 먹는 습관은 2050년쯤으로 예상되는 세계 식량위기의 가장 큰 요인이 될 것입니다.

기후변화는 기아 문제의 가장 큰 원인 중 하나입니다. 유엔식량 농업기구(FAO)는 세계 인구가 점점 증가하는 반면 지구 온난화로 농작물을 재배할 수 있는 경작지는 점점 줄어들고, 고온, 태풍, 홍수 등으로 농작물 피해가 발생함에 따라 2050년쯤이면 전 세계에 식량 위기가 닥칠 것이라고 경고하고 있습니다. 지금도 세계는 식량이 부족한데 2050년이면 세계 인구는 90억 명에 이르고 이 인구를 먹여 살리려면 식량을 지금보다 60% 더 많이 생산해야 한다는 것입니다.

개인의 건강을 생각하더라도 육류 소비를 줄이면 심혈관 질환이나 당뇨, 암 등의 발생 빈도를 낮출 수 있습니다. 나아가 모든 식사를 식물성으로 대체하면 사망률을 6%~10%까지 낮출 수 있다는 연구도 있습니다. 세계 전체를 보아도 고기 없는 식단을 유지하면 지금보다 훨씬 많은 사람들을 먹여 살릴 수 있습니다. 가축을 먹이는 데 사용하던 곡물을 인간의 식량으로 이용할 수 있기 때문입니다.

가축들에게 먹일 식량을 사람들이 먹는다면 거의 40억 명의 사람들을 먹여 살릴 수도 있습니다.

끔찍한 환경에서 사육되다가 더 끔찍한 도살장으로 끌려가야 하는 가축들에게도 희소식임은 물론이고요!

프랑스에서만도 해마다 수백만 마리의 돼지들이(돼지는 사실 매우 예민한 동물입니다) 도살장으로 끌려가기도 전 극심한 스트레스

채식으로 식단을 바꾸면 온실가스의 70%를 감소시킬 수 있습니다.

와 가혹행위로 인해 죽어갑니다. 토끼들의 99%는 좁고 더러운 토끼장을 한 번도 벗어나지 못한 채 본능인 깡총뛰기 한 번도 못해보고 죽어 갑니다. 닭들 또한 80%는 한 번도 햇빛을 보지 못하고 죽습니다. 가축들의 비참한 상황을 열거하자면 끝이 없지만, 약 천억 마리의 육지 동물들이 해마다 인간의 먹이가 되기 위해 죽어 가는 것으로 추정됩니다.

지금 채식으로 식단을 바꾸면 온실가스의 70%를 감소시킬 수 있으며, 510만 명을 굶주림에서 구할 수 있습니다. 이를테면 모든 학교나 회사 내 식당들에서 일주일에 몇 번 요일을 정해 채식 식단을 제공하는 방안도 생각해 볼 수 있습니다. 정부나 공공기관의 식당들이 본보기를 보여주면 바람직한 효과를 유도할 수 있습니다. (유엔 기후변화협약 총회 만찬에 스테이크 요리가 나오는 것은 얼마나 아이러니한가요?)

우리는 더 이상 지금의 불합리한 식생활을 유지할 수 없습니다. 하지만 이런 작은 변화조차도 지금은 어렵게 보이기만 합니다.

자율이냐 강제냐

**생명이 위협받는 상황에서는 강제가 우리 자유를 지켜주는
장치가 될 수도 있습니다.**

또 하나의 방법인 강제적인 소비 억제 정책도 불합리하다고만은
할 수 없습니다. 본래 법률이란 것이 개인 통제하지 못하는 것을
사회적으로 강제하기 위해 있는 것이기 때문입니다. 예를 들어 살
인하지 말라고 권유하는 것만으로는 충분하지 않기에 법을 만들
어 금지하고 처벌하는 것이지요. '공공선共公善'을 크게 침범할 때
에 우리는 법을 통하여 개인의 자유를 제한하고 통제하는 조치
를 취하곤 합니다. 그리고 이런 조치들이 결과적으로 우리의 자
유를 지켜줍니다.

이제 우리의 공공선에 "환경의 의무"도 포함시킬 때가 되었습니다. 생태학적 관점에서 볼 때 무책임한(또는 객관적으로 생명에 해로운) 행동을 하지 못하도록 금지하는 것은 당연한 조치일 수 있습니다. 기업들도 온갖 복잡한 법으로 보호를 받는데, 지구를 지키는 일이 법의 보호를 받지 못할 이유가 어디 있을까요?

제도나 법을 제정하여 지구 환경을 보존하자는 주장을 '독재적 발상'이라 부르며 비난하는 사람들이 있습니다. 그렇지 않습니다! 돈보다 생명의 가치를 먼저 생각해 최악의 상황을 피할 장치를 마련하자는 것입니다.

세상의 모든 생명은 보호받을 자격이 있습니다. 생명이 존재할 수 있는 근원인 자연을 파괴하지 않고 자유를 누릴 방법을 우리는 찾아야 합니다. 그래야만 지금 우리가 저지르고 있는 자기파괴적 범죄 행위로부터 벗어날 수 있습니다.

우리에겐 누군가를 때리거나, 물건을 빼앗거나, 죽이거나 할 '자유'가 없습니다. 그런데 어떻게 미래의 아이들이 살아갈 터전을 빼앗고 파괴할 자유가 있다고 말할 수 있을까요? 이런 자유를 위해 싸우겠다는 것은 아이들의 생명을 빼앗을 자유를 위해 싸우겠다는 이야기와도 같지 않을까요? 만약 이익이 해악보다 크다면 생명의 존엄성을 유지하기 위한 자유의 박탈은 정당하지 않을까요?

사실상 우리는 수없이 많은 '자유의 박탈'을 경험하면서 살아 갑니다. 우리에겐 폭력을 행사할 자유가 없고, 남의 물건을 훔칠 자유가 없고, 남의 명예를 훼손할 자유가 없습니다. 그렇다면 가 장 근본적이고, 무엇으로도 대체할 수 없는 생명의 자유 또한 법 의 보호를 받지 못할 이유가 어디 있을까요?

지금의 기후변화에 대처하지 못하면 우리는 한여름에 집 밖 으로 나갈 수 있는 자유를 박탈당하고(기온이 50℃가 넘으면 신체가 더이상 기능하지 못하므로) 결국 생존의 자유까지 박탈당하고 말 것 입니다. 이렇게 위급한 상황이라면 '강제'가 오히려 우리를 위협하 는 상황을 막고 자유를 지켜주는 조치라고 볼 수 있습니다. 우리 의 재산도 법의 보호를 받는데 우리 생명이 법의 보호를 받지 못 할 이유가 어디 있나요?

개인적 노력이냐 공공선을 위한 의무냐의 선택은 지구상 생명 을 지키기 위한 논의의 기본 축입니다. 하지만 그보다 중요한 것 은 어떤 합리적인 대안도 개인의 자발적 실천을 이끌어내기는 매 우 힘들다는 점입니다. 정치가 앞장서서 문제를 제기하고 개인들 에게 책임을 부과해야 하는 것도 이 때문입니다. 국가가 나서지 않으면 우리 앞에 닥친 커다란 문제를 해결할 수 없습니다. 지금 이 순간에도 각국의 많은 기업 로비스트들이 탄소배출 감축 노력 을 무력화시키기 위해 활동하고 있습니다. 그런데 우리가 선출한 대표들이 책임 있는 모습을 보여주지 않고 돈의 힘에 휘둘린다면 어떻게 될까요? 기본적인 국민의 생명조차 지켜주지 못하는 국가는 스스로 존재의 이유를 부정하는 것입니다.

당장 해야 할 일들

**모든 국가와 개인들이 기후 위험으로부터 평등하게 보호받고
좋은 환경을 누릴 수 있도록 공동의 노력을 기울여야 합니다.**

환경오염은 동물들뿐 아니라 인간에게도 큰 피해를 줍니다. 현재 공기, 물, 토양은 "중독"되어 있다고 해도 좋을 만큼 오염되었습니다. 세계보건기구(WHO)에 따르면 대기 오염으로 인한 사망자는 해마다 7백만 명에 이릅니다. 이는 흡연에 의한 사망자보다 많은 숫자입니다. 이 정도면 '환경비상사태'라도 선포해야 하는 것 아닌가요?

세계보건기구(WHO)와 유엔워터(UN Water)의 2017년 조사에 따르면 세계 20억 명 가량이 오염된 물을 식수원으로 사용하고 있

으며 매년 50만 명이 오염된 물을 먹고 설사 질환 등으로 숨진다고 합니다.

자동차가 대기오염에 미치는 영향도 무시할 수 없습니다. 당연히 자동차의 이용을 크게 줄여야 합니다. 하지만 그런 조치를 취하면 많은 사람이 불편을 겪게 되고, 당장 생계의 곤란을 겪게 되는 이들도 있을 것입니다. 우리가 지금까지 누리던 생활을 갑자기 바꾸려면 이처럼 많은 노력과 희생이 따릅니다. 그러나 변화의 과정에서 발생하는 희생을 관련 당사자들만 떠맡는 것은 불합리합니다. 위기에 대응하는 과정에서 발행하는 희생과 책임은 사회 구성원들 함께 짊어져야 할 몫이기 때문입니다. 이처럼 환경 문제는 사회 문제와 밀접한 연관성을 갖습니다. 만약 환경운동이 사회운동과 대립한다면 스스로를 부정하는 것과 같고, 이런 모순으로 인해 변화의 노력은 실패로 끝나고 말 것입니다.

그러나 업무에 꼭 필요하다고 해서 개인의 차량 이용을 무작정 허용할 수도 없습니다. 그러기에는 자동차로 인한 환경 피해가 너무 심각합니다. 세계의 대기 오염으로 인한 사망자 수는 해마다 7백만 명에 이릅니다. 자동차는 이산화탄소나 아황산가스 같은 유해 물질을 배출할 뿐 아니라 우리 삶의 공간을 파괴하는 데도 한몫을 합니다. 경제적 인센티브와 법적 조치를 동시에 사용하여 대기 오염으로 인한 피해를 막아야 합니다.

왜 기후정의인가?

기후정의climate justice란 기후 위기 때문에 생겨난 불평등과 양극화의 문제를 공정하게 바로잡는 것을 말합니다. 기후 위기로 인한 환경의 변화는 우리 삶에 영향을 주지만 그 피해는 국가나 개인에 공평하게 돌아가지 않습니다. 예를 들어 기후 온난화로 인한 가뭄, 폭우, 산불, 폭염 등의 책임은 대부분 기상이변을 유발한 선진국들에게 있습니다. 그런데도 그 피해는 대처 능력이 떨어지는 가난한 나라들이 더 크게 입습니다. 기후 위기에 대처하는 변화의 과정에서도 특정 직업을 가진 사람이나 가난한 사람이 더 큰 불이익을 입을 수 있습니다. 이런 불공정을 해소하기 위해 모든 국가와 개인들이 기후 위험으로부터 평등하게 보호받고 좋은 환경을 누릴 수 있도록 국제사회가 공동의 노력을 기울이자는 것이 기후정의의 취지입니다.

다시 한 번 강조하지만, 우리의 변화가 사회적 불공정을 초래해서는 안 됩니다. 프랑스에서는 **붉은 모자와 노란 조끼 시위대**들이 정부의 에너지 정책을 후퇴시킨 일도 있습니다.

붉은모자 시위 2014년 11월 프랑스 올랑드 정부가 환경 개선을 위해 3.5톤 이상 화물을 실은 상업용 트럭에 대해 '환경세'를 걷겠다고 발표하자 운송비용 상승으로 지역의 농산물과 식품 산업에 심각한 타격을 받을 것을 우려한 농민들이 투쟁을 상징하는 붉은 모자를 쓰고 거리로 나와 격렬한 반대시위를 벌였습니다. 이 시위로 프랑스 정부는 결국 법안을 철회할 수밖에 없었습니다.

노란조끼 시위 2018년 프랑스의 마크롱 정부는 친환경 경제로의전환과 환경오염 방지 대책의 일환으로 유류세 인상을 발표합니다. 그러자 프랑스 시민들은 정부가 기업들에게는 세금을 감면해 주면서 서민들에게만 무거운 세금을 매긴다며 항의 시위를 벌였습니다. 시위대들은 교통사고 대비용 노란색 형광 조끼를 입고 나와 시위를 벌였고, 마침내 대통령 퇴진을 요구하는 반정부 시위로까지 확산되었습니다. 상황이 심각해지자 프랑스 정부는 결국 유류세 추가 인상 계획을 철회하고 말았습니다.

가장 부유한 사람들이 스스로 변하지 않으면서 가난한 계층에게만 변화를 요구하는 것은 옳지 않을 뿐더러 효과도 없습니다. 지금까지 우리가 잘못된 방향으로 가고 있었음을 인정하고 집단적인 해결책을 찾아야 합니다. 변화의 성공 여부는 경제적 수단을 지닌 사람들에게 달려 있습니다. 그것이 윤리적으로나 현실적으로 옳은 대안입니다.

전기차는 당장 환경오염을 줄일 수는 있지만 오염 물질을 잠시 도시 밖으로 분산시킬 뿐입니다. 그래서 장기적인 효과를 기대하기 어렵습니다. 전기차에 사용할 전기도 어디선가 생산되어야 하고 그 과정에서 에너지 사용으로 인한 온실 효과가 발생하기 때문입니다. 또 몇 년 뒤에 전기차의 가격이 휘발유 차 가격보다 낮아지면 자동차 사용량이 다시 증가하여 역효과가 발생할 것입니다.

지금은 지속 가능한 교통 정책을 통해 자동차 의존에서 벗어나야 합니다. 무엇보다 대중교통을 보편화하고 전체적인 교통 소비를 줄여야 합니다. 자전거 도로를 확충하는 것도 한 방법일 것입니다. 지금은 주로 레저용으로 쓰이지만 자전거는 짧은 거리 이동에 가장 적합한 교통수단입니다. 부득이하게 먼 거리를 이동해야 할 때엔 환경오염이 가장 적은 철도를 이용하도록 정책적으로 장려해야 합니다. 이를 위해 철도를 공영화하고 수익성과 관계없이 철도 노선을 개발, 유지할 수 있도록 각종 재정 지원이나 우대 정책을 펴야 합니다.

항공운송은 대기오염을 가장 많이 발생시키는 운송수단입니다. 어떤 이유에서든 비행기를 주요 운송수단으로 이용해서는 안 됩니다.

더불어 비행기가 여행이나 비즈니스의 주요 수단으로 이용되는 것도 막아야 합니다. 비행기를 타는 일은 언제나 신중히 선택해야 합니다.

선박 운송은 대기오염 물질(질소산화물이나 황산화물 등)을 배출할 뿐 아니라 바다를 오염시켜 많은 환경 비용을 발생시킵니다. 되도록 가까운 곳에서 생산된 제품을 이용해야 하는 이유도 여기 있습니다.

우리가 즐기는 여행이 지구의 건강을 악화시키는 주범 중 하나라는 사실도 명심해야 합니다. 이제는 여행 억제 대책도 필요합니다. 지구 반대편에서 휴가를 보낼 형편이 되는 여유 있는 계층의 쾌락을 위해 지구의 건강을 언제까지나 해칠 수 없습니다. 슬프지만 우리는 이런 현실을 받아들여야 합니다. 외면할 수 있는 진실이 우리를 향해 외치고 있습니다. 그 진실이란 세상의 법칙이 우리 인간의 의도대로 돌아가지 않는다는 것입니다! 인간들의 생존 방식이 만들어낸 끔찍한 결과를 더 이상 외면해선 안 됩니다. 그 결과는 이미 요란한 파열음을 내며 우리에게 다가오고 있습니다!

영혼을 끌어모아 바꿔야 할 것들

다른 생명과의 공존을 위해 인간들도 지구에 거주하는 방식을

다시 설계해야 합니다.

우리는 지금까지 누렸던 모든 삶의 방식을 바꾸어야만 합니다. 군이 비행기를 타고 먼 곳까지 날아가지 않아도 우리는 얼마든지 멋진 풍경과 신비로운 생명체, 다양한 사람들을 만날 수 있습니다. 가장 값진 경험은 지금 내가 있는 이곳에서 배우고 깨닫는 것입니다. 새롭고 신기한 세상을 찾아 먼 곳을 찾기 보다는 가까운 곳의 생명체들을 먼저 만나 대화해 보기를 제안합니다.

모든 생물들은 생태적으로 긴밀하게 연결되어 있습니다. 인간을 비롯한 모든 생명체들은 공동 운명체입니다. 따라서 우리 인간들도 지구에 거주하는 방식을 다시 설계할 필요가 있습니다. 어떤 발전된 기술이 나오더라도 지금의 폭주를 계속해선 안 됩니다. 이제는 더 멀리 이동하려고도, 더 많이 만들려고도, 더 많이 소비하려고도 해선 안 됩니다. 더 이상 많은 생명들을 죽이려 해서도 안 됩니다. 우리에겐 다른 선택의 여지가 없습니다. 이런 변화의 과정에서 누군가 희생양이 되어서도 안 됩니다. 모든 인류가 힘을 합쳐야만 바람직한 변화를 이끌어낼 수 있습니다.

우리는 1%의 부자들이 세계 절반의 부를 소유한 세상에서 살고 있습니다. 이것이 얼마나 불행하고 부끄러운 일인지 이제는 깨달아야만 합니다!

플라스틱 제품은 돌이킬 수 없을 만큼 심각한 환경 파괴를 일으킵니다. 지금부터 점차 줄여 나가야 하며 최종적으로는 사용하지 않는 것을 목표로 해야 합니다. 플라스틱 빨대나 포장용기에 대한 규제는 30년 전쯤이라면 몰라도 지금은 아무 의미가 없습니다. 인도 마하라슈트라 주(봄베이 시가 있는 주州)는 이미 플라스틱 사용을 전면 금지했고, 코스타리카는 2021년부터 자국 내에서의 사용을 금지하기로 했습니다. 하지만 최근에 프랑스는 일회용 플라스틱 제품 사용 금지법의 시행을 연기하기로 했습니다. 정치인들은 아직도 위기의식을 느끼지 못하는 것 같습니다.

살충제 남용은 목표한 곤충뿐 아니라 상위 포식자들까지 모조리 죽임으로써 동물 개체군 전체에 타격을 줍니다. 살충제의 98%는 본래 목표하지 않았던 생물군까지 죽이는 무시무시한 독성을 가지고 있습니다. 미국에서는 살충제 살포로 인해 매년 6천2백만 마리 정도의 새들이 죽어갑니다. 또 사람에게도 치명적인 피해를 입혀 각종 암이나 기형아 출산의 원인이 되기도 합니다.

살충제의 대안 중 하나로 유기농법을 들 수 있습니다. 유기농법은 환경에 좋은 효과를 줄 뿐 아니라 농민 경제에도 도움이 됩니다.

해양 플라스틱 헌장까지 부른 플라스틱 쓰레기 문제

2015년 기준으로 생산된 플라스틱의 총량은 83억 톤 정도로 추정됩니다. 그 중 12% 정도가 소각되고, 약 9%가 재생되지만 79%에 해당하는 약 49억 톤은 처리되지 못한 채 버려집니다. 플라스틱은 오랫동안 썩지 않을 뿐더러 소각할 때 많은 양의 이산화탄소를 배출하기 때문에 땅과 바다를 심하게 오염시킵니다. 생산 과정에서도 원유가 사용되므로 지구 온난화에도 악영향을 미칩니다.

2018년 G7 정상회의에서는 바다로 흘러들어 해양 생태계를 파괴하는 플라스틱 쓰레기 문제를 해결하기 위해 2030년까지 플라스틱 포장지의 55% 이상을 재사용하거나 재활용하고, 2040년까지 모든 플라스틱을 100% 회수한다는 '해양 플라스틱 헌장'을 채택하기도 했습니다. 이밖에도 인도나 유럽연합 등 많은 나라들이 플라스틱 용기의 사용 규제나 금지 조치를 내놓고 있습니다.

유기농법organic farming이란 화학비료나 농약을 거의 쓰지 않고 천연 유기물만을 이용해 농산물을 수확하는 방법을 말합니다. 토양을 오염시키지 않고 생명체에 악영향을 미치지 않는 친환경 농법의 대표적인 예라고 할 수 있습니다.

퇴비나 동물의 배설물 등만으로 농사를 짓는 전통적인 유기농법도 있지만 요즘은 지렁이 농법, 우렁이 농법, 오리 농법 등 생물들의 행동 특성을 이용한 유기농법들도 개발되어 큰 효과를 보고 있습니다.

유기농 제품에 대한 소비자의 요구가 지속적으로 증가하는데도 시행하지 못하는 것은 초기 투자비용이 많이 들어 농산물 가격이 비싸지기 때문입니다. 이런 분야에 대해서는 농민과 소비자를 동시에 적극 지원해 주는 정책이 필요합니다.

하지만 핵심은 이런 세세한 사항들이 아니라 집약적 농업 때문에 황폐해진 토양을 되살리는 일입니다. 이제 모두의 미래를 위해 근본적인 변화를 꾀할 시기가 되었습니다. 진정한 **생태 전환**이 이루어지려면 어느 정도 성장의 지체를 감수하지 않으면 안 됩니다.

생태 전환ecological transition이란 점점 심각해지는 기후 위기 속에서 인간과 자연이 공존하기 위해 사회의 모든 구조와 생활방식 그리고 사고방식까지 우리 삶의 모든 것에 변화를 주려는 시도를 말합니다.

자연에 대한 태도가 변하지 않는다면 우리 모두는 파멸의 길
에 접어들 수밖에 없습니다. 최후의 순간에 기적처럼 나타나 지
구를 구해줄 과학기술 같은 것은 없습니다. 최악의 대처는 아무
대책 없이 앉아서 파멸을 맞이하는 것입니다. 지금도 지구촌에서
는 6초마다 한 명의 아이가 기아로 죽어가고 있습니다. 지금 변
화를 꾀하지 않으면 다행히 기후가 회복된다고 해도 인류의 건강
상태는 좋아지지 않을 것입니다.

국가에 요구한다!

기후 위기에 대응하여 인간과 자연이 공존하기 위해 사회구조와 생활방식, 사고방식까지 모두 바꾸는 것이 바로 생태 전환입니다.

기후변화에 대처하기 위해 앞서 제시한 방안들 외에도 몇 가지 개선책을 추가해 볼 수 있습니다. 모두 국가가 나서서 해야 할 일들입니다. 소비 억제책에 덧붙여 현재 사용하고 있는 에너지의 효율성을 최대한 높이면서 탄소중립을 실천할 수 있는 **재생 에너지**로의 전환이 반드시 필요합니다.

　재생 에너지renewable energy란 태양광, 바람, 비, 조력, 파도, 지열처럼 스스로 재생되거나 고갈될 염려가 거의 없는 천연자원으로부터 얻는 에너지를 말합니다. 우리나라에서는 '대체에너지 개발

및 이용·보급 촉진법'에 따라 태양열발전, 태양광발전, 바이오매스, 풍력, 소수력, 지열, 해양에너지, 폐기물에너지 등의 기존 **재생에너지** 8개 분야와 연료전지, 석탄액화가스, 수소에너지 등의 **신에너지** 3개 분야를 재생 에너지로 분류하고 있습니다.

이와 함께 전반적인 에너지 효율성을 높이는 조치도 필요합니다. 이것은 **그린 워싱**이 아니며 실제로 상당한 에너지 개선 효과를 가져올 수 있습니다.

그린 워싱green washing은 실제로는 친환경적이지 않지만 마치 친환경적인 것처럼 위장하는 행위를 말합니다. 예를 들어 아마존 숲을 파괴하는 데 앞장서고 있는 곡물 유통 회사가 친환경 농산물로 이미지를 홍보하거나 친환경 소재를 일부만 사용하면서 무공해 제품인 양 과장하는 경우 등이 여기에 해당합니다.

하지만 무엇보다 주거지를 필요 이상 차지하지 않는 것이 필요합니다. 부부가 사는데 백 평짜리 저택이 무슨 필요가 있을까요? 지구촌 대다수의 사람들이 아직 열악한 주거에서 생활하고 있는데 말입니다.

에너지 생산을 비화석 연료로 전환하려면 장기적인 목표가 필요하며, 이런 목표를 세우고 실행할 책임은 순전히 정부기관에 있습니다.

변화는 이미 시작되었습니다. 태양광은 획기적인 비용 절감

효과로 세계에서 가장 값싼(석유, 가스, 석탄, 원자력보다 훨씬 저렴한) 전력원이 되어가고 있습니다. 전력 생산 시설을 전환하는 데 수십 년이 걸린다는 사실을 감안하면 지금 당장 시설 건립을 서둘러야 합니다. 석탄 화력발전 시설은 빨리 폐쇄하고 석유 화력발전도 줄여 나가야 합니다. 가장 큰 관건은 주로 열에 사용되는 비전기 에너지원을 개발하는 것입니다. 가정, 농업, 식물 폐기물에서 바이오가스와 열을 생산하는 등 생물다양성을 해치지 않는 **바이오매스 에너지**를 개발해 사용해야 합니다.

생물체 자원으로부터 알코올, 메탄, 수소 등을 채취하여 이용하

꼭 알아두세요

태양열 에너지와
태양광 에너지의 다른 점

태양열solar thermal 에너지와 태양광solar 에너지는 모두 태양을 이용해 전기를 만들지만 발전 방식이 다릅니다. 먼저 태양열 에너지는 태양열로 물을 끓여 발생한 증기의 열로 전기에너지를 생산하는 방식입니다. 반면 태양광 에너지는 태양의 빛에너지를 전류로 바꾸는 태양전지를 이용하여 전기에너지를 생산합니다. 태양열 발전은 많은 물을 데워 증기를 발생시키기 때문에 큰 시설이 필요하고 장소에도 제약이 따릅니다. 반면에 태양빛을 직접 전기로 바꾸는 태양광 발전은 태양전지만 설치하면 되기 때문에 장소의 제약 없이도 에너지를 생산이 가능합니다. 또한 연료비가 들지 않고 대기오염이나 폐기물 발생이 없어 오늘날 대표적인 친환경 에너지로 주목받고 있습니다.

는 에너지를 **바이오매스 에너지**biomass energy라고 합니다. 예를 들어 곡물이나 나무의 당분을 발효시켜 만든 바이오에탄올, 식용유 등 식물성 기름에서 추출하는 바이오디젤, 음식물 쓰레기를 발효하여 만든 메탄가스와 바이오가스 등이 있습니다. 이렇게 추출해 낸 바이오매스 에너지는 자동차 연료나 난방, 전기 등 다양한 용도로 쓸 수 있습니다.

미국이 기후 재해로 지불하는 비용은 한 해 3천억 달러가 넘습니다. 스턴 보고서가 말해 주듯이 지금 대처하지 않으면 기후변화로 인한 생태 전환에 드는 비용보다 훨씬 비싼 대가를 치러야 할 것입니다.

스턴 보고서는 세계은행 부총재를 지낸 영국의 경제학자 니컬러스 스턴Nicolas Stern이 2006년 지구 온난화의 위험성을 경고하기 위해 발행한 기후변화 보고서입니다. 온실가스가 인류나 환경에 미치는 위험이나 경제적 파장 등을 감안할 때 "매년 지구 온난화로 인해 발생하는 비용은 국내총생산(GDP)의 20%까지 늘어날 것이므로 지금 과감하게 생태 전환을 꾀하는 것이 경제적으로 유리하다"는 주장이 포함되어 있습니다.

이런 상황을 감안한다면 지금 에너지를 전환하면 비용을 마이너스로 만들 수 있다고 생각하는 것이 합리적입니다.

지금까지 에너지 전환에는 경제적인 제약이 있었습니다. 장기적인 투자 효과를 고려하기 힘든 금융 시스템 때문이었습니다. 그래서 생태경제학자들은 어떻게든 가장 가난한 계층에 영향을 미치지 않고 에너지 전환에 투자할 수 있는 획기적인 금융 시스템을 마련해야 한다고 말합니다. 또한 생태 전환 과정에서 관련 분야 종사자들이 피해를 입지 않도록 국가나 공공기관이 직업 전환을 돕는 프로그램을 마련해야 합니다. 생태 전환은 이렇게 모두 함께 나서 책임져야 할 공동의 의무입니다.

이를 위한 방법들이 연구 중에 있습니다. 예를 들어, 유럽 투자은행(EIB)이 전담은행이 되어 에너지 전환 사업에 이자 없이 자금을 조달해 주는 방법을 제안하고 있습니다.

유럽 투자 은행EIB은 유럽 국가와 지역 간의 경제적 격차 해소와 균형 발전 등을 위한 원조나 금융지원 업무를 관장하기 위해 1958년에 설립되었습니다. 본부는 벨기에 브뤼셀에 있습니다.

프랑스 환경에너지관리청(ADEME)은 이렇게 하면 안전한 국가 재정을 유지하면서 90만 개의 일자리를 만들어낼 수 있을 것이라 전망하고 있습니다.

우리 다음 세대가 마법 같은 묘책을 내놓을 것이라는 기대는 하지 않는 것이 좋습니다. 〈내셔널 지오그래픽〉 매거진의 설문조사에 따르면 기후문제에 가장 거부감을 많이 느끼는 연령대가 18세에서 24세라고 합니다. 우리 세대가 해결하지 못한 문제를 미래의 젊은이들은 해결하리라고 기대해서는 안 됩니다. 이것은 미래 세대에게 떠넘길 문제가 아니라 지금 힘을 합쳐 넘어야 할 문제이 기 때문입니다.

지금 우리는 인류 역사상 가장 큰 위기를 맞고 있지만 교육 현장에서는 이런 사실에 대해 무감각한 듯합니다. 환경 위기를 여러 사회문제 중 하나로 보는 시각은 매우 위험합니다. 지금은 어른들이 젊은 세대들에게 상황의 심각성을 일깨워주어야 합니다. 지구 온난화의 영향을 자각하지 못했던 지난 40년 사이에 야생 동물의 60-70%가 지구상에서 사라졌다는 사실을 말입니다. 어른 세대는 젊은 세대들에게 진실을 빚지고 있습니다. 대학을 포함한 모든 학교교육에서 이 '생명 대학살'의 진실을 파헤치는 쪽으로 교육의 방향을 전환해야 합니다. 어른들이 하지 못했던 생각과 소홀했던 노력을 다음 세대에 떠넘겨서는 안 됩니다.

지금부터라도 수업과정에서 집중교육이 필요합니다. 그렇지 않으면 지식과 현실 사이의 간극이 점점 커져 인지부조화 현상이 나타날 것입니다. 아이들이 곧 사라질 세상에 대해 배우는 일은 없어야 할 것입니다.

생태 전환을 돕는 녹색금융

녹색금융은 자원 및 에너지 효율을 높이고 환경을 개선하는 상품, 서비스 등에 자금을 제공하여 국가 전체의 성장을 도모하고 환경을 파괴하는 활동에 자금이 공급되는 것을 효과적으로 차단하는 금융정책을 말합니다. 환경 문제를 개선하고 녹생성장을 이루기 위해서는 기업이 이러한 방향으로 나아갈 수 있도록 유도하는 금융기관이 필요하다는 문제의식에서 등장했습니다.

크게 보아 **1) 환경 개선과 관련된 상품 및 서비스를 생산하는 기업에 자금을 제공하여 지원하는 활동**과 **2) 환경을 파괴하는 기업에 자금 공급을 차단하는 활동** 두 가지를 녹색금융으로 볼 수 있습니다.

행동 수칙

'세상 종말'을 막기 위한 투쟁은 지금 당장, 모두의 자발적인 참여로 이루어져야 합니다. 싸움은 이제 시작일 뿐입니다.

모든 부문에서 180도의 방향전환이 필요합니다. 더 이상 소비 위주의 성장 정책을 펼쳐선 안 됩니다. 이는 약물에 의존하는 환자에게 치사량의 진통제를 투여하는 것과도 같습니다. 통증은 가라앉을지 몰라도 죽음은 더 빨리, 고통스럽게 다가올 것입니다. 유한한 자원으로는 인간의 무한한 욕망을 감당할 수 없습니다. 성장을 포기하는 것이 곧 삶의 질이나 행복, 의학적 발전을 포기하는 것을 의미하지는 않습니다. 순진한 몽상가는 환경주의자들이 아니라 자연의 법칙을 거스를 수 있다고 믿는 사람들입니다. 그들의 '꿈'은 점차 우리의 '악몽'이 될 것입니다.

지금의 상황을 되돌리기 위한 매일 매일의 '행동 지침들'을 정리해 보면 다음과 같습니다.

🌱 개인에게 필요한 기후행동 지침

- 자동차 이용을 줄인다.
- 지역상권을 파괴하고 상품의 장거리 이동을 유발하는 인터넷쇼핑은 되도록 이용하지 않는다.
- 대형 마트 대신 지역 시장을 이용한다.
- 덜 가공된 제품을 이용한다.
- 가까운 지역의 생산품을 선택한다.
- 육류 소비를 줄인다.
- 되도록 유기농 제품을 구매한다.
- 냉난방 기구의 사용을 줄인다.
- 물을 아껴 쓴다.
- 화학물질의 사용을 줄인다.
- 쓰레기를 줄인다.
- 플라스틱 포장을 거부한다.
- 분리수거를 실천한다.
- 나눠 쓴다.

- 함께 쓴다.
- 고쳐 쓴다.
- 전자 제품은 오래도록 사용한다.
- 중고 제품을 애용한다.
- 공익에 어긋난 행위를 하는 회사 제품을 사지 않는다.
- 동물 서식지를 침범하지 않는다.

위의 행동들은 우리 모두 실천해야 할 기본적인 것들입니다. 그러나 이런 작은 실천들의 효과가 나타나려면 너무 많은 시간이 필요합니다. 시스템을 근본적으로 고치지 않으면 개인적 실천은 하나 마나 한 일이 되고 맙니다. 여기서 국가의 역할이 필요합니다. 국가는 국민의 생명과 안전을 최우선으로 해야 하기 때문입니다. 따라서 국민의 안전이 걸린 문제를 외면하는 대표는 처음부터 선출하지 말아야 합니다.

정치 차원에서 국가가 당장 취해야 할 조치들을 열거해 보면 다음과 같습니다.

🌱 정책 변화를 이끌어내기 위한 지침

- 환경 영향 평가에 따라 세금을 부과함으로써 환경 파괴적인 제품 생산 방식을 바꾸도록 유도한다. ⇨ 환경을 파괴하는 포장을 하거나 대체제가 있음에도 화석연료를 사용하는 기업에 대해 높은 과세

- 공공 채널(텔레비전, 신문, 라디오 등)을 통해 지역, 국가, 세계의 환경과 관련한 정보를 지속적, 주기적으로 알린다. ⇨ 이산화탄소 배출량, 기온, 파괴된 숲의 면적, 녹아내린 빙하의 양, 대기 오염도 등

- 친환경, 친생명 농법을 개발한다. ⇨ 농약 사용을 억제하고 화학농법을 유기농법으로 전환하도록 유도

- 지역 중심 경제로 전환하여 차량 수송이나 자가용 이동을 줄이고 대중 교통망을 확충한다.

- 자동차 배기가스에 대한 법적 규제 방안을 마련한다.

- 진정한 복지 향상을 위한 공공 서비스를 시행한다. ⇨ 교통, 의료, 통신 등에서 공공정책 시행

- 자연과 생명을 해치는 행위에 대해 법적 금지조치를 시행한다.

- 소득 재분배 정책을 통해 함께 사는 경제를 실현한다.

- 공산품과 농수산 가공제품의 생산 이력제를 의무화한다.

- 도시 확산을 억제하고 장기 미거주 주택을 공적으로 활용할 수 있도록 한다.
- 초등학교부터 환경 위기에 대한 깊이 있는 교육을 실시한다.
- 채식 또는 비건식을 권장하는 정책을 편다.
- 야생 동식물 보호구역을 확대하고 자연녹지에 세제 혜택을 준다.
- 새로운 도로 건설을 중단한다.
- 바다를 파괴하는 어업기술을 포기한다.
- 바다를 깨끗하게 하기 위한 대규모 조치를 실시한다.
- 동식물 보호종을 늘리고 구체적인 보호 조치를 시행한다.
- 생태 전환을 위한 직업 재교육에 재정을 지원한다.

'세상 종말'을 막기 위한 투쟁은 지금 당장, 모두의 자발적인 참여로 시작되어야 합니다. 싸움은 이제 시작일 뿐입니다. 환경 문제와 사회 문제를 구분할 필요가 없습니다. 우리 행동의 최종 목적은 오직 하나, 자연과 생명에 대한 약탈을 하늘이 부여한 권한으로 생각해 온 인간 중심의 신화를 깨는 것입니다.

긴급 명령에 대비하라

환경 문제는 경제나 정치 문제와 밀접하게 연결되어 있습니다.
따라서 환경위기에 대한 계획을 수립할 수 있는 대표를 선출해야 합니다.

중대한 환경오염을 불러일으키는 기업에 무거운 세금을 물리는 것만으로도 충분치 않느냐는 의견도 있습니다. 꼭 필요한 조치이긴 합니다. 하지만 그것만으로 변화는 이루어지지 않습니다. 기업은 우리 현실과 동떨어진 곳에 존재하지 않습니다. 기업들은 우리가 살 물건들을 만들고 우리의 기대를 반영합니다. 그들이 사회적, 환경적으로 무책임한 태도를 보이는 것은, 우리가 그 제품을 선택함으로써 그들을 지지하기 때문입니다.

지역과 국가를 넘어 이 문제는 엄격하게 접근해야 합니다. 시장이나 인터넷에 싸게 내놓는 옷들 중엔 비인간적이고 열악한 환경에서 생산되는 제품들이 많습니다. 우리가 사지 않으면 그런 옷들은 만들어지지 않을 것입니다. 하지만 그렇게 되려면 진정한 부의 재분배를 통해 누구나 자유로운 경제적 선택을 할 수 있는 여건이 갖추어져야 합니다. 이렇게 모든 문제들은 서로 복잡하게 얽혀 있습니다.

이런 문제는 국가적으로 접근하는 것보다 지역적으로 접근하는 것이 효율적입니다. 신속하고 유연하게 대처할 수 있을 뿐 아니라 특수한 상황까지 고려할 수 있기 때문입니다. 그러므로 각 지역 자치단체들은 지금 당장 환경 위기에 대한 비상계획을 수립해야 합니다. 시민들은 이런 긴급한 명령에 대응할 준비가 되어있는 지역 단체장만을 선출해야 합니다.

지금부터 계획하고 실천해 나가야 할 것들은 이렇게 많습니다. 그렇다고 해서 경제나 정치 시스템을 지금 당장 한꺼번에 바꾸자고 이야기 하는 것은 아닙니다. 문제가 중대하고 상황이 급박한 데에 비하면 실천하는 것이 그리 까다로운 것도 아닙니다. 우리 앞에는 더 많은 싸움이 가로놓여 있습니다. 하지만 만약에 지금 벌이고 있는 싸움에서 패한다면 더 이상의 싸움조차 없게 될 것입니다!

5백 년이 지나도 썩지 않는 플라스틱 쓰레기는 지구 환경오염의 주범으로 꼽힙니다. 플라스틱 쓰레기를 줄이기 위해 우리나라에서 시행되고 있는 정책들은 무엇이 있는지 알아봅시다.

또 플라스틱 사용을 줄이기 위한 아이디어로 무엇이 있을지 생각해 봅시다.

#플라스틱 #쓰레기 #배출 #대책 #환경부 #재활용 #분리 #수거 #재활용

화학비료나 농약을 거의 사용하지 않는 유기농법 중 오늘날 많이 하는 것으로 지렁이 농법, 우렁이 농법, 오리 농법이 있습니다.

이 농법들이 어떤 것인지 조사하여 보고 그 밖의 다른 친환경 농법이 있으면 소개해 보세요.

#유기농법 #친환경농법 #지렁이농법 #우렁이농법 #오리농법

▶ 지렁이 농법 :

▶ 우렁이 농법 :

▶ 오리 농법 :

그린워싱의 예로 어떤 것이 있는지 국내나 해외의 경우를 조사해 봅시다.

#그린워싱 #그린워시 #친환경 #위장 #녹색경영 #마케팅 #환경마크

재생에너지(수력, 태양열, 태양광, 풍력, 바이오가스, 바이오매스, 지열 등) 중 관심 있는 한 분야를 택해 현재의 경제성이나 기술 수준에 대해 조사하여 발표해 봅시다.

#재생에너지 #화석연료 #대체에너지 #무공해에너지

여러분이 세계 청소년들과 함께하는 기후 파업climate strike에 참여한다고 생각하고 피켓 문구를 작성해 봅시다. (영문으로 작성해도 좋습니다.)

#청소년 #기후파업 #기후행동 #툰베리 #결석시위

청소년 피켓 시위 장면

세번째 주제

어떻게
변해야 하나?

질문에 앞서 행동하라

지금은 행동이 앞서야 할 때입니다.

원인을 알기 전에 재앙이 먼저 우리 앞에 와 있을 것입니다.

저는 앞에서 말한 긴급 처방들만으로는 충분치 않으며 보다 근본적이고 혁신적인 변화가 필요하다고 생각합니다. 사람들이 지금의 상황에 무관심한 이유는 지금 우리 앞의 위기에 대한 해석이 제각각 다르기 때문입니다. 자본주의, 인구, 종교 등등 사람들은 지금 벌어지고 있는 위기의 원인을 서로 다른 데에서 찾고 있습니다. 하지만, 이렇게 될 때 해결 방안에 대한 의견의 일치를 보는 일은 거의 불가능해집니다. 왜냐하면 각자의 의견 중 어느 것이 맞는지 입증할 방법이 없기 때문입니다. 즉, 실행에 옮기기 전에 원인을 따지다 보면 아무 것도 해 보지 못한 채 최후를 맞게 될 거라는 얘기입니다.

예를 들어, 이 위기의 원인이 무한한 성장과 소비를 추구하는 자본주의에 있다고(사실 일리가 있는 말이지만) 하면 문제 해결을 위해 자본주의 붕괴의 그날까지 기다려야 할까요? 설사 그런 날이 온다 해도 그 전에 세상의 종말이 먼저 와 있을 겁니다!

저는 이번만큼은 순서를 뒤집어, 원인보다 결과를 먼저 고려해야 한다고 생각합니다. 지금은 행동이 먼저입니다! 결과를 먼저 예상하고 시작한다면 목표에 가장 효과적으로 다다를 수 있는 방법도 알게 될 것입니다!

정치가들은 환경을 그 어떤 것보다 앞서 고려해야만 합니다. 로비나 금권력에 맞서 환경 파괴를 막아내겠다는 확고한 의지가 없는 정치인은 절대 뽑아선 안 됩니다. 물론 국민들이 자발적으로 그런 선택을 하기는 쉽지 않습니다. 오늘날 같은 **글로벌 경제** 체제 아래서는 불가능할 수도 있습니다.

글로벌 경제는 나라와 나라 사이의 경제 활동이 활발해지고 밀접하게 연결되어 서로에 대한 영향과 의존도가 높아지는 경제 상태를 말합니다. 글로벌 경제 아래서는 부유한 국가나 세계 시장을 장악한 거대 다국적 기업들이 다른 나라의 경제뿐만 아니라 정치에까지 큰 영향을 미칠 수 있습니다.

그렇다면 정치 시스템을 바꿔서라도 그렇게 만들어야 합니다. 환경부 장관이 무슨 필요가 있나요? 총리나 대통령이 그 역할을 맡아야 합니다! 환경은 우리의 '생명줄'입니다. 생명줄을 먼 곳에 둘 수는 없습니다. 자연을 일개 부처가 담당하게 할 수는 없습니다. 자연은 곧 우리 세상의 전부니까요.

제가 앞 장에서 제시한 개선 방안들은 비교적 간단하고 대부분 사람들이 동참할 수 있는 것들이었습니다. 하지만 이 정도만 가지고는 크게 부족합니다.

최근 스웨덴 소녀 그레타 툰베리가 등교 거부 선언과 함께 한 연설이 큰 호응을 얻었습니다. 그녀는 "미래의 가능성이 모두 사

오스트리아 퍼스에서 벌어진 학생들의 기후파업

그레타 툰베리와
청소년 기후 파업

2018년 15세의 스웨덴 소녀 그레타 툰베리Greta Thunberg는 선거가 시작되기 전 3주 동안 등교를 거부하고 기후변화에 대처하는 법안을 만들어 줄 것을 호소하며 스웨덴 국회의사당 앞에서 1인 시위를 벌였습니다. 이후에도 툰베리는 매주 금요일마다 일인 시위를 벌이며 진실을 외면하고 다가오는 재앙을 모른 체하는 어른들을 질타했습니다. 그녀의 시위는 차차 유럽의 언론에 의해 알려지기 시작하였고, 2018년에는 폴란드 카토비체에서 열린 제24차 유엔 기후변화협약 당사국총회(COP24)에 초대받아 전 세계 정치인들을 향해 환경변화 대책을 세워줄 것을 호소하는 감동적인 연설을 하기도 하였습니다. 툰베리의 이런 활동은 세계 청소년들의 호응과 동참을 이끌어내었고, 2019년 3월 15일에는 세계 100개국에서 1500건 이상의 등교 거부 시위가 여러 곳에서 동시에 벌어지기도 했습니다.

세계의 많은 정치인들과 보수적인 언론들이 그레타 툰베리의 행동을 못마땅해 하며 비난과 조롱을 퍼부었지만, 기후 위기를 알리기 위한 툰베리의 노력은 세계 사람들에게 점차 공감을 얻어내고 있습니다. 2019년에는 노벨 평화상의 유력 후보에 오르는가 하면, 포브스지가 선정한 올해의 여성 100인에 선정되는 등 그레타 툰베리는 미래세대가 주도하는 환경운동의 상징으로 떠오르고 있습니다.

그레타 툰베리가 스웨덴 의회 앞에서 "기후를 위한 학교 파업School Strike for Climate"이라는 피켓을 들고 시위를 벌인 것을 계기로 기후 위기 대응 방안 마련을 촉구하는 행동은 세계로 퍼져 나갔습니다. 이후 '미래를 위한 금요일Friday for Future', '기후 파업Climate Strike' 등의 이름으로 불리며, 전세계의 청소년들과 기후 활동가들이 참여하는 대규모 시위로 확산되었습니다. 2019년 3월에는 호주, 독일, 스페인 등 세계 92개국에서 1천2백여 개의 단체가 동시다발적으로 집회와 시위를 벌이기도 했습니다. 우리나라에서는 청소년기

라졌는데 학교에 가 공부하고 미래를 준비하는 것이 무슨 의미가 있느냐"고 우리에게 되묻고 있습니다. 또, "역사상 가장 중요하고 확실한 과학적 메시지를 무시하면서 학생들에게 어떻게 과학을 배우라고 말할 수 있냐"고 반문합니다.

툰베리의 이런 호소에 호응하여 벨기에를 비롯한 각국의 학교에서 청소년들의 시위가 이어졌고 툰베리가 시작한 운동은 세계로 퍼져 나갔습니다. 이제는 아프리카, 아시아, 아메리카에서 젊은 활동가들이 우리에게 닥친 위기를 알리기 위해 열정적으로 활동하고 있습니다.

정치적 결단

**물질적 성장이란 목표에 얽매여 스스로의 삶을 파괴하는 행위를
멈추기 위해서는 생명의 근원적인 가치를 찾는 것이 중요합니다.**

지금의 위급한 상황 속에서 몇 가지 근본적인 변화가 반드시 필요합니다. 그 첫 번째는 정치에 대한 인식을 새롭게 바꾸는 것입니다. 지구 생태계에 닥친 비상사태는 오히려 쇠퇴해 가는 민주주의를 살리는 좋은 기회가 될 수도 있습니다.

인간은 약한 존재이고 자신에게 주어진 자유를 무절제하게 남용하는 경향이 있습니다. 이때 개인의 책임만 강조하는 것은 옳지 않습니다. 인간이 정치를 발명한 것은 이런 약점을 보완하기 위해서입니다. 스스로를 통제할 수 없는 사람이라도 통제하는 힘

을 받아들일 수는 있기 때문입니다.

역설적이게도, 위기에 집단적으로 대처하는 능력은 여기서 나옵니다. 즉, 공동체의 이익과 배치되는 개인의 욕망을 통제하려면 법이나 제도가 필요한 것입니다.

우리 모두는 남의 목숨을 빼앗는 행동을 해서는 안 된다는 걸 잘 알고 있으며 이에 대한 처벌 조치를 쉽게 이해하고 받아들이죠. 그렇다면 다른 생명을 파괴하는 행동도 금지되어야 마땅하고 당연히 이를 받아들여야 하지 않을까요?

생명을 위협하는 행위를 금지함으로써 우리는 더욱 안전해지고 자유로워집니다. 음주운전 금지법은 당장 운전할 자유를 구속하지만 결국 우리 모두의 생명을 보장해줍니다. 마찬가지로 '생태적 만취상태'에서 운전하는 일도 당연히 금지되어야겠죠. 벌금이나 세금을 부과하는 등의 방법도 있겠지만, 이럴 경우 지구를 오염시킬 권한이 부의 수준에 따라 차등 적용될 수도 있으므로 조심해야 합니다.

경제발전의 측면에서 보면 정치적 조치들이 성장을 위축시키는 것은 피할 수 없습니다. 하지만 지금은 경제성장에 얽매일 때가 아닙니다.

설령 경제적으로 후퇴한다 해도 그것은 물질적 측면에서의 후퇴일 뿐 지식, 사랑, 창의성 등에서의 후퇴를 의미하지는 않습니다. 성장이란 목표에 얽매여 스스로의 삶을 파괴하는 행위를 멈추기 위해서는 생명의 근본적인 가치를 찾는 것이 중요합니다. 그 것은 지구의 탄생 이래로 이어져 온 **생명의 연속성**을 인식하고 인간을 위해서만 존재한다고 여겨졌던 생명체들이 스스로 의미를 지닌 존재라는 사실을 깨닫는 데서 시작되어야 합니다.

생명의 연속성이란 지구의 역사에서 최초로 탄생한 하나의 원시 생명체가 진화의 과정을 거쳐 수십억 년에 걸쳐 현재의 다양한 생명체들로 이어졌다는 생물학적 견해를 말합니다. 이에 따르면 인간도 다른 생물들과 마찬가지로 진화 과정을 거쳐 현재까지 살아남은 수많은 종들 중 하나일 뿐이라는 결론에 이르게 됩니다.

이런 세계 인식에서 보면 '생태'라는 말도 너무 의미가 좁습니다. 차라리 **바이오필리아**, 즉 '생명사랑'이라는 말이 더 어울릴 것 같습니다.

바이오필리아biophilia는 생명이 있는 것이나 생명과 관련된 것에 끌리는 심리적 경향을 말합니다. 정신분석학자이자 사회심리학자인 에리히 프롬이 제일 먼저 사용하였고 이후 생물학자인 에드워드 윌슨이 자신의 책『바이오필리아』를 통해 "다른 형태의 생명체와 연결되고 싶어 하는 욕망"이라고 정의하면서 널리 쓰이게 되었습니다.

'환경'이라는 말도 지나치게 인간 위주입니다. 지금 위태로운 것은 인간을 둘러싼 환경이 아니라 자연 그 자체이기 때문입니다. 우리가 지금 찾고 있는 것은 거창한 '진리眞理'나 '선善' 따위가 아닙니다. 지금 우리가 던져야 할 질문은 "생명과 재산, 인간과 생태계, 미래와 현재 중 어느 것을 우선시할 것인가?" 하는 매우 단순한 문제입니다. 이것이 지금 우리가 처한 문제의 전부입니다!

오늘날 같은 글로벌 경제 시대에 성장을 멈추기로 결정하는 것은 결코 쉬운 일이 아닙니다. 왜냐하면 그런 결정을 하는 순간 그 나라는 주변국에 비해 큰 어려움을 겪게 될 테니까요. 그러나 한편으론 세계의 합리적인 변화에 동참하는 것은 모든 국가의 의무이기도 합니다.

우리가 선출한 대표들이 해야 할 일 중 가장 중요한 것은 협상 테이블에 앉아 이런 저런 어려운 문제를 해결하는 것입니다. 국가를 대표하는 사람이 그러한 능력을 보여주지 못한다면 그 자리에 앉아있을 이유가 없습니다. 그들이 "불가능"이라고 결정하는 순간 우리는 죽음을 선택할 수밖에 없습니다. 많은 거대 문명들이 몰락 이전에 위기의 경고가 있었지만 변화할 힘이 없었기에 몰락을 받아들일 수밖에 없었습니다. 과연 우리가 그런 실패를 되풀이하지 않을 수 있을까요? "아니요"라고 대답하는 순간 하늘의 별처럼 많은 생명이 우리와 몰락을 함께할 것입니다.

기후이변, 대기오염, 멸종, 개체수 감소, 사막화로 인한 식량위기와의 싸움과 지속적인 성장을 동시에 이뤄낼 수는 없습니다. 그런 믿음은 종교적 맹신에 가깝습니다. 우리는 물리적 자연법칙에서 한 발짝도 벗어날 수 없는 존재입니다. 선택해야 합니다. 지금 우리의 선택은 인류의 역사상, 아니 지구의 역사상 가장 중요한 선택이 될 것입니다!

지속 가능한 세상을 위하여

자연은 우리에게 무엇을 선사하기 위해서 존재하는 것이 아닙니다.
자연은 인간과 마찬가지로 스스로를 위해 존재하는 것입니다.

미래를 위해서는 '외국인', '동물', '자연' 같은 용어의 개념조차 새롭게 정의할 필요가 있습니다. 지금의 유럽은 전쟁을 피해 몰려든 시리아 난민들을 포용하지 못했습니다. 이를 통해 앞으로 우리가 기후이변으로 생겨날 수억 명의 난민들에 대해 어떤 태도를 취할지도 예상할 수 있습니다. 과거에 인류가 그랬듯이 '우리'와 다른 모든 것들에 대해 적대적인 본능을 발휘할 가능성이 높습니다.

지금도 세계의 한편에서는 하루 2만5천 명이 기아로 죽어가는 반면 다른 한편에서는 매일 350만 톤의 음식물이 쓰레기로 버려집니다. 하지만 이러한 사실이 우리의 편안한 잠자리를 방해하지는 않습니다.

조금 절제하며 사는 것이 뭐가 그렇게 어려울까요? 최소한의 생활을 보장하는 최저임금과 소수의 무분별한 소비를 억제할 최고임금이 성숙한 사회라면 상식이 되어야 마땅하지 않을까요?

지속 가능한 지구 환경을 위해서도 사회의 안정은 가장 먼저 해결해야 할 문제입니다. 하지만 우리는 누군가에게는 극도의 빈곤이, 다른 누군가에게는 무한한 부가 주어지는 사회를 그리고 민

기후난민 문제를 예고하는 시리아 난민

2011년부터 중동에서 분 '아랍의 봄'이라는 민주화 운동이 시리아에도 변화를 불러일으켰지만 독재 정부가 강경진압을 하면서 결국 내전 상태로 치닫게 됩니다. 정부군과 반군의 싸움에 이슬람 극단주의 세력까지 가세하며 10년 넘게 이어진 내전으로 지금까지 약 40만 명의 사망자와 1천2백만 명에 이르는 난민이 발생했습니다. 전쟁을 피해 국경을 넘는 난민들이 주변 국가인 터키, 요르단 등으로 넘어왔고 그 중 일부가 목숨을 걸고 유럽으로의 탈출을 시도하며 시리아 난민은 국제적인 문제로 떠오르게 되었습니다. 가장 많은 난민이 몰려든 터키는 국경을 폐쇄했고 유럽 국가들 간에도 난민 수용 문제를 놓고 분쟁이 벌어지고 있습니다. 난민을 받아들이고 있는 국가 내에서도 난민 유입으로 인한 사회문제나 종교문제를 우려하는 시민들의 반발이 커지며 갈등이 커지고 있습니다. 지구 곳곳에서 벌어지고 있는 이러한 난민 사태는 앞으로 기후난민이 불러올 극심한 혼란을 미리 보여주는 듯합니다.

족, 도덕, 종교 등의 차이 앞에서 서로를 적대시하는 사회를 택하고 있습니다. 이런 질서는 자연적으로 주어진 것이 아닌, 우리가 선택한 것입니다. 선택은 언제든지 바꿀 수 있으며 그 결정은 우리에게 달렸습니다.

요즘 주변에서는 좋지 않은 소식들이 계속 들려오고 있습니다. 반환경적 생각을 가진 트럼프나 보우소나루 같은 인물들이 가장 넓은 영토를 가지고 있는 나라의 대통령이 된 것입니다. 또 프랑스에서는 지난 대통령 선거에서 극우정당인 **국민연합당**의 후보가 선두를 다투며 결선투표에 오르기도 했습니다. 모든 나라들이 손을 잡고 협력해야 할 지금 세계는 최악을 향해 달려가고 있는 느낌입니다.

국민연합당Rassemblement National은 프랑스 극우 성향의 정당입니다. 기독교의 전통 가치를 옹호하며 이슬람권 등의 외국인 이민 제한과 유럽연합 반대 등을 당의 강령으로 내세웁니다. 2012년 대통령선거 1차 투표에서 이 당의 당수 마린 르펜이 3위(18%)를 차지하였고, 2017년 대통령 선거 1차 투표에서는 2위(21%)로 결선에 오르는가 하면 2017년 총선에서는 7명의 의원을 당선시키는 등 프랑스에서 주요 정당으로 떠오르고 있습니다.

대부분의 동물들이 인간처럼 고통과 공포를 느낀다는 사실이 알려져 있음에도 지금 지구촌 곳곳에서는 사상 초유의 동물 학

트럼프와 보우소나루의
반 환경 정책

미국의 트럼프 대통령은 환경에 반하는 정책을 추진하여 "환경 파괴 대통령"으로 불리기도 했습니다. 미국의 경제성장과 일자리 창출에 방해가 된다는 이유로 미국에서 약속하거나 시행하고 있던 많은 환경 정책을 폐기하거나 철회하였습니다. 2019년에는 온실가스 배출량을 감축하기로 한 파리기후협약에서 갑자기 탈퇴하며 환경을 위한 세계의 노력에 찬물을 끼얹는가 하면 툰베리의 기후 위기 호소에 조롱을 퍼붓는 등 적절치 못한 행동을 보여주었습니다. 2020년 대통령 선거에서 트럼프를 꺾고 대통령에 오른 존 바이든은 트럼프가 폐기했던 반환경 정책을 되돌리기 위해 노력하고 있습니다.

2019년 브라질 대통령이 된 보우소나루는 개발과 성장 우선의 정책을 펴면서 국제사회로부터 아마존 숲의 파괴를 부추겼다는 비난을 받고 있습니다. 그는 환경규제를 철회하고, 불법 삼림벌채에 대한 벌금을 면제하는가 하면 환경법 예산을 줄이고 환경 NGO 단체들을 비난하는 등 트럼프와 마찬가지로 환경운동을 적대시하는 태도를 보이고 있습니다.

살이 자행되고 있습니다. 우리는 매달 지금까지 지구상에 존재한 사람보다 많은 수의 동물들을 죽이고 있습니다. 이렇게 우리는 인간 이외의 동물들에게 세상을 지옥으로 만들고 있습니다.

지금까지 우리는 자연을 '이용'하고 '소비'하는 대상으로만 바라보았습니다. 하지만 이제는 자연을 자연 그 자체로 바라보아야 할 때가 되었습니다. 자연은 인간에게 무엇을 주기 위해 있는 것이 아닙니다. 자연도 인간과 마찬가지로 스스로를 위해 존재할 뿐입니다. 생명이 소멸하는 것은 인간에게만 재앙이 아니라 모두에게 재앙입니다. 자연은 인간의 이해관계와 상관없이 스스로 존재하기 때문입니다.

몇몇 나라들에서는 이미 강이나 숲에 권리를 부여하는 일을 하고 있습니다. 여러 법적 형태(예를 들어 지정된 개인이나 소송 대리인 등)를 통해 자연의 권리를 대행할 수 있는 것입니다. 이것은 충분히 연구해 볼 만한 가치가 있는 제도입니다. 점점 막강한 힘을 행사하며 자연을 파괴하고 있는 다국적 기업들에 대해 아직 국가가 행사할 힘이 남아있다면 말입니다.

세계 각지에 자회사나 지사, 공장 등을 두고, 국제적으로 생산과 판매활동을 수행하는 기업을 **다국적 기업**multinational corporation이라고 합니다. 다국적 기업은 외국의 값싼 노동력을 활용하면서 무역 마찰을 피하여 시장을 확대할 수 있다는 이점이 있습니다. 그러나 국가의 이익보다 기업의 이해관계를 먼저 따지기 때문에 국가의 균형 발전을 저해하고, 자연 자원을 마구잡이로 개발하는 등의 문제가 발생하기도 합니다. 오늘날 다국적 기업은 세계 전체 생산량의 3분의 1, 국제무역의 절반 가까이를 담당할 정도로 시장 지배력이 커져서 국가를 위협하는 존재로 떠오르고 있습니다.

지금 몇몇 선진국에서는 '금욕주의'가 새로운 문화현상으로 떠오르고 있습니다. 더 어려운 처지의 사람들과 공감하고 생명의 소중함을 깨닫고 마음 속 욕망을 다스리기 위해 금욕주의는 우리 삶의 방식을 바꿔줄 새로운 문화입니다. 그밖에도 우리가 근본적으로 변하지 않으면 안 되는 것들은 많습니다. 다른 생명에 대한 존중, 경쟁 아닌 협력, 배타성을 넘어선 공생의 윤리를 내면화하기 위해서는 기존에 가졌던 생각들을 철저히 부숴버리는 과정이 필요합니다.

앞으로 일어날 급격한 변화의 과정이 세상 사람들의 눈에 폭력적으로 비칠 수도 있습니다. 하지만 그에 앞서 우리의 생각을 바꿀 필요가 있습니다. 먼저 폭력의 정의에 대해서입니다. 역사적으로도 극단적인 억압이나 학살에 저항하기 위한 폭력은 늘 정당성을 인정받아 왔습니다. 또 폭력의 범위에 대해서도 물어야 합니다. 유리창을 부수는 행위는 탈세나 오염물질 배출, 가혹한 노동보다 폭력적으로 보입니다. 하지만 조금 더 생각해 보면 후자가 훨씬 폭력적이라는 사실을 알 수 있습니다.

자연 속의 모든 종들은 생존투쟁을 거쳐 진화해 왔습니다. 만약 6천5백만 년 전의 대참사가 없었다면 지구는 우리 인류 대신 거대 파충류들이 지배하고 있었을 것입니다.

여기서 말하는 대참사란 거대한 운석이 지구와 충돌하면서 일어난 **다섯 번째 대멸종**을 말합니다. 약 6천5백만 년 전에 지금의 멕시코 유카탄 반도 부근에 소행성이 떨어지며 지구를 강타했습니다. 공룡들이 지배하고 있던 지구는 충돌로 인한 거대한 폭발로 먼지와 연기가 태양을 가려 암흑처럼 변했고, 광합성을 할 수 없게 된 식물들과 초식 공룡 그리고 육식 공룡들이 차례로 멸종했습니다. 이 시기에 지구상에 살던 생물들의 75%가 멸종했으며, 이때 살아남은 야행성의 몸집 작은 포유류 중 한 종이 인간으로 진화한 것으로 보고 있습니다.

이렇게 앞으로 닥쳐올 대재앙이 어떤 종에게는 행운을 가져다줄 수도 있습니다. 하지만 이런 시각으로 지금 진행되는 대멸종을 받아들이려는 태도는 문제가 있습니다. 대멸종이라는 단어 속에는 수없이 많은 생명들의 죽음이 포함되어 있기 때문입니다. 멸종은 단지 종이 사라진다는 뜻이 아니라 그 종에 속한 수많은 개체들이 고통 속에 죽어간다는 뜻입니다. 거기에는 우리 인간들도 예외가 될 수 없습니다.

지구 생명체의 윤리

우리는 이제 과거의 반복이나 몰락한 인류세의 비참한 생존이 아닌

새로운 미래를 계획해야 합니다.

한 생명이 살아남기 위해 다른 생명을 부정해야 할 때가 있습니다. 그러나 이런 행위들이 모두 정당화될 수는 없습니다. 다른 생명에 영향을 미치는 행위는 매우 신중하고 일관성이 있어야 합니다. 그리고 그런 행위는 절대 가볍게 여겨져선 안 됩니다. 그것이 (직접 또는 간접적으로) 미칠 결과에 대해 예측할 수 있어야 하며 행동에 보편적인 윤리를 적용해야 합니다.

생명을 존중하기 위해 우리 모두가 공유해야 할 윤리는 다음과 같습니다.

🌱 생명을 위한 윤리

첫째, 욕망과 의지 사이의 우선순위를 정해야 합니다. 이들 사이의 갈등은 피할 수 없습니다. 즐거운 것과 가치 있는 것은 충돌할 수밖에 없기 때문입니다. 이런 모순 사이에서 방황하지 말고 부딪치고 논쟁해야 합니다.

둘째, 가치의 기준과 틀을 다시 정해야 합니다. 과거의 경제적, 사회적, 정치적 가치에 얽매이면 근본적 변화는 불가능합니다.

셋째, 생산과 노동에 바치는 시간을 줄여 문화생활, 인간관계, 창의활동에 더 많은 시간을 쏟도록 해야 합니다. '구매력'보다 '생명력'을 우선시하는 삶을 살아야 합니다.

넷째, 기술, 소비, 물질 만능의 사고에서 벗어나 눈앞의 자연과 보다 친밀한 관계를 맺어야 합니다. 우리 세상은 낯설고 신비한 것들로 가득합니다. 먼 곳으로의 여행이나 가상현실을 통하지 않아도 즐겁고 아름다운 것들이 우리 주변에는 얼마든지 있습니다.

다섯째, 비판적인 시각을 가지도록 노력해야 합니다. 더는 석유 로비스트와 거대 금융의 손에 세상을 맡겨선 안 됩니다. 이들의 이익은 철저히 생명의 이익과 배치됩니다. 정치 권력은 점점 경제 권력에 자리를 내주고 있습니다. 정치 권력에 조금의 힘이라도 남아 있다면 지금 그 힘을 보여주어야 합니다.

여섯째, 생명의 연속성을 받아들이고 인정해야 합니다. 과학적 발견은 생명이 연속성을 가지고 진화했음을 증명하고 있습니다. 인간이 자연보다 우위에 있다는 망상이 지금의 재앙을 불러왔습니다.

일곱째, 자기 존재의 토대인 생명체의 파괴에 기여하지 않는 한도 내에서 인간이 최대한의 자유를 누릴 수 있는 법과 제도를 새로이 만들어내야 합니다.

여덟째, 젊은 세대에게 우리가 지금 인류 최대 위기에 처해 있다는 사실을 가르치고, 모든 가능한 해결책을 찾을 수 있도록 교육적 지원을 아끼지 말아야 합니다.

아홉째, 다른 것을 '적'으로 삼고 모르는 것을 '위험'으로 생각하는 편견에서 벗어나도록 노력해야 합니다. 자신의 신념을 맹신하는 이들이 퍼뜨리는 증오와 불신을 경계합시다.

근본적인 변화만이 우리를 희망하는 결과에 이르게 할 수 있습니다. 거기엔 경제적, 사회적, 개인적 인식의 변화가 포함되고 현대 자본주의의 모든 발명품들에 대한 재검토도 포함됩니다.

우리는 과거의 반복이나 몰락한 **인류세**의 비참한 생존이 아닌 새로운 미래를 계획해야 합니다. 그러기 위해선 자연 속 모든 생명체들과 생명 대 생명으로서 공생하고 협력하며 새로운 관계를 맺어야 합니다.

> **인류세**anthropocene epoch는 새로운 지질시대의 개념으로, 인류의 자연 파괴로 지구의 생태계가 급변하여 전반적인 생태 시스템이 붕괴될 위험에 처하게 된 지금 시대를 말합니다.
>
> 지질학적 연대로 보면 지금은 홀로세(또는 충적세)에 속하지만 인간에 의해 지구 환경 시스템이 급격히 변화하고 있다는 경고를 담기 위해 네덜란드의 화학자인 폴 크뤼천Paul Crutzen이 이 용어를 제안했습니다.

지금 우리가 살고 있는 사회는 위에서 열거한 새로운 윤리와 양립하기 힘든 사회입니다. 이는 이념적 판단이 아닌 논리적 결론입니다. 지금 우리가 전 지구적인 재앙으로 향해가고 있다는 말은 결코 과장이 아닙니다. 물론 앞으로도 지구는 태양 주위를 계속 돌 것이고, 생명 또한 어떤 형태로든 살아남을 것입니다. 인간들도 몇몇(부자들)은 살아남을 수 있을지 모르겠습니다. 하지만 대부분의 종들이 소멸하고, 수십억의 인간들이 사라지고, 생태계가 파괴된 지구가 우리가 생각하는 지구의 모습은 아닐 것입니다.

새로운 가치관을 위해

고급 레저카를 모는 것이 성공의 상징이 아니라 환경 파괴의 상징이 된다면

이제 우리의 선택 기준도 달라지게 될 것입니다.

인간은 '호모 심볼리쿠스homo symbolicus', 즉 상징적 동물입니다. 우리는 상징을 통해 세상을 창조하고, 상징의 언어를 통해 무언가를 숭배하거나 배척합니다. 아무 강력한 엔진의 스포츠카라도 속도 제한이 있는 도로에서는 짜릿한 쾌감을 누릴 수 없습니다. 그럼에도 스포츠카를 타고 있는 것만으로도 흥분을 느낄 수 있는 것은 우리가 스포츠카에 강력한 상징을 부여하기 때문입니다.

긍정적으로 여겨지지만 실제로는 부정적이거나 폭력적인 상징 가치를 뒤집는 것, 과시적 행동이나 과시적 소비의 가치를 그에 걸맞는 자리로 끌어내리는 것, 그것이 지금 우리가 해야 할 일입니다. 이런 일이 인위적으로 가능하냐고요? 십여 년 전만 해도 모피제품은 누구나 갖고 싶어 하는 귀한 물건이었지만 지금은 생명의 고통을 외면하는 잔인함의 상징이 되었다는 사실을 기억하시기 바랍니다.

그렇다면 이제 우리가 가치를 두어야 할 곳은 어디일까요? 직업적, 성적, 사회적적, 미적, 윤리적 가치의 기준을 어디에 두어야 할까요? 과연 그런 기준이 있긴 한 걸까요?

대부분의 사람들은 사회가 인정하는 상징 가치를 받아들이고 거기 맞춰 행동합니다. 이렇게 상징이 바뀌면 태도도 바뀝니다. 사치, 낭비, 이기적 소비, 과시적 행복 등은 이제 구시대의 가치가 되었습니다. 이제 우리는 이런 것들의 하찮음을 널리 알리고 사회적 책임과 겸손의 가치를 회복해야 합니다.

이제는 공정한 노동으로 만들어진 면 티셔츠가 고급 가죽 재킷보다 "멋있다"고 말할 수 있어야 합니다. 우리가 바람직하다고 여기는 것들의 주체는 우리 자신이며, 우리의 가치관은 우리가 동의하는 쪽으로 진화하게 되어 있습니다. **베케트**의 말처럼 우리는 "타인의 뒷담화"나 "타인의 시선"에 의해 만들어지기도 합니다.

사뮈엘 베케트 Samuel Beckett는 아일랜드에서 태어나 프랑스에서 활동한 극작가입니다. 〈고도를 기다리며〉, 〈오, 아름다운 나날〉 등의 희곡을 썼으며 1969년에 노벨 문학상을 받았습니다.

고급 레저카를 모는 것이 성공의 상징이 아니라 환경 파괴의 상징이 된다면 이제 우리의 선택 기준도 달라질 것입니다.

새로운 신화가 만들어져야 합니다. "자연의 주인"으로서의 인간을 꿈꾸었던 서구 **데카르트**적 유산과의 단절을 의미하면서도 인류의 모든 다른 문화유산을 끌어안는 그런 신화 말입니다.

르네 데카르트 René Descartes는 프랑스의 철학자이자 수학자, 물리학자입니다. 이성적 판단을 중요시하는 합리주의 철학자였던 그는 우리가 보고 듣고 아는 것들 모두를 의심해 보고(방법적 회의) 난 뒤에 이 모든 것을 의심하는 '나'가 존재한다는 사실만큼은 의심할 수 없다는 사실을 논증합니다. ("나는 생각한다. 그러므로 나는 존재한다.") 모든 앎이나 진리의 주체가 '인간'임을 발견함으로써 데카르트는 근대철학의 아버지라 불리게 되었습니다.

하지만 데카르트의 이론은 인간 외의 것들을 단지 객체나 대상으로 보게 만들면서 인간 중심의 시각을 정당화합니다. 이러한 생각은 인간을 다른 동물보다 우월한 존재로 여기고 자연을 착취의 대상으로 여기게 만들어 생명 경시와 환경 파괴라는 결과를 가져오기도 했습니다.

인간의 '자연을 수탈하는 본능'을 옹호할 필요는 없지만 그렇다고 부인할 필요도 없습니다. 진화의 과정에서 인간의 이런 특성들이 선택되었을 뿐입니다. 하지만 진화에 관한 발전된 연구에 따르면 우리는 이런 본능 또한 충분히 넘어설 수 있습니다.

인간의 생화학적 알고리즘은 먼 미래에 적응하도록 진화하지 않습니다. 다시 말해서 인간은 미래 세상을 구원하겠다는 희망으로 **도파민**을 분출하지 않는다는 예기입니다.

도파민dopamine은 뇌신경 세포의 흥분을 전달하는 신경전달물질입니다. 스스로에게 유익한 행동을 할 때에 도파민을 내보내 기쁨을 느끼게 하여 우리가 같은 행동을 지속하거나 반복하도록 만들기도 합니다.

그러므로 지금 재앙이 진행 중이며 아직 이에 대한 대책을 가지고 있지 못하다는 사실을 끊임없이 상기해야 합니다. 또한 지금 이 세상을 근본적으로 바꿀 좋은 기회라는 사실을 마음속에 새기고 있어야 합니다.

생태 전환을 위해서는 에너지 사용을 줄일 뿐 아니라 에너지를 어떻게 사용할까를 고민하는 것도 중요합니다. 에너지 사용을 줄여도 지구는 황폐해질 수 있습니다. 아마존 숲을 밀어 버리기 위해 태양열 불도저를 사용하면 **탄소발자국**은 줄어들겠지만 그 결과는 더욱 끔찍해지는 것과 마찬가지입니다.

지금의 산업문명을 유지하기 위한 것이라면 싸움은 의미도 없고 이득도 없습니다. 이미 심하게 파괴되었고 매우 폭력적인 지금의 세상을 그대로 복원하는 것이 우리의 목적이 아닙니다. 지금의 위기를 수선해야 할 일시적인 고장 정도로 생각하면 큰 오산입니다. 지구 모든 생명체들의 목숨이 달린 문제입니다. 멸종으로 혜택을 볼 종은 없습니다. 모든 것을 잃거나 기적적으로 살아남거나의 문제가 있을 뿐입니다. 변화를 두려워해선 안 됩니다. 세계를 부정하며 세계 속의 나를 꿈꾸는 것처럼 어리석은 일이 또 있을까요?

탄소발자국과 탄소예산

탄소발자국carbon footprint은 인간들의 활동이나 제품 생산과 소비에서 발생하는 온실가스의 총량을 표시하는 단위입니다. 지구 온난화의 원인인 이산화탄소의 발생을 줄이자는 취지에서 이 단위를 사용하고 있으며 개인이나 단체가 발생시키는 온실가스의 양을 무게 단위인 킬로그램(kg)이나 발생한 온실가스를 흡수하기 위해 심어야 하는 나무의 수로 나타냅니다. 우리나라에서도 2009년부터 제품의 제작 과정부터 유통 과정에 걸쳐 발생하는 이산화탄소 배출량을 제품에 표기하여 소비자들에게 제시하고 있습니다

탄소예산carbon budget은 지구 평균온도가 1.5℃ 이상 오르지 못하도록 하기 위해 우리가 앞으로 배출할 수 있는 이산화탄소의 양입니다. 현재 우리에게 남은 탄소예산은 420기가 톤(2018년 1월 기준 67% 확률로 추산한 양)입니다. 그러나 인류는 해마다 42기가 톤의 이산화탄소를 배출하고 있으며 이런 추세대로라면 2030년쯤이면 탄소예산이 모두 사라지고 말 것이라고 IPCC는 경고하고 있습니다.

온실가스 총량을 표시하는 환경부 탄소발자국 마크

기후위기를 알리기 위해 활동하고 있는 단체를 알고 계신가요? 국내든 해외든 이런 단체가 있으면 조사해 보고 이 단체가 어떤 주장을 내세우며 어떤 조직운동을 하고 있는지 알아봅시다.

#기후위기 #환경단체 #기후파업 #NGO

인간의 기원에 대한 종교나 신화, 전설 등으로 무엇이 있을까요? 이것이 진화론에서 말하는 인류의 기원과 어떤 차이를 가지는지도 알아봅시다.

#신화 #전설 #인간기원 #진화

미국의 도널드 트럼프 대통령은 2018년 자신의 트위터 계정에 "무지막지한 한파가 몰아쳐 기록을 갈아치울 지경인데 대체 지구 온난화는 어떻게 된 거냐?"라며 지구 온난화를 조롱하는 내용의 트윗을 올렸습니다. 지구 온난화에 대해 트럼프 전 미국 대통령이 어떤 오류를 가지고 있는지 이야기해 봅시다.

#트럼프 #트위터 #지구온난화 #날씨 #기후

다국적 기업이 환경에 미치는 부정적인 영향으로는 어떤 것이 있을까요? 그 구체적인 사례를 조사하고 발표해 봅시다.

#다국적기업 #환경파괴 #오염 #개발도상국

위기와
맞서 싸우려면?

사라진 생명은 돌아오지 않는다

숲은 스스로를 위해 존재하고 그 자체로 가치를 지닙니다.
숲이 세상을 위해 존재하는 것이 아니라 숲 자체가 세상입니다.

이 책이 나오고 얼마의 시간이 흘렀습니다. 이제 분명하게 보이는 것 같습니다. 그래도 눈앞에서 펼쳐지는 광경은 바람직하지 못합니다. 한 가지 위안거리라면 뭔가 새로운 시도가 이루어지고 있다는 사실입니다. **멸종저항** 운동은 이제 대중들에게도 널리 알려져 있습니다.

멸종저항Extinction Rebellion은 인간의 무분별한 행동으로 인한 멸종에 저항한다는 취지로 2018년 영국에서 시작된 환경운동 단체입니다. 정부와 관계당국을 상대로 비폭력 시민운동을 전개하고 있습니다. 2019년에는 런던에서 영국 의회의 기후 비상사태를 이끌어내기 위해 2주 동안 대규모 시위를 벌이기도 했습니다. 지금은 국제적인 연대 조직으로 발전하여 세계 수십 개의 도시에서 활동하고 있습니다. 거리를 점거하고, 버스 위에 올라 피케팅을 하고, 길거리 캠핑이나 코스프레 행진, 스프레이 낙서 등 다양한 비폭력 퍼포먼스를 통해 정부당국의 조치를 촉구하고 있습니다.

정치학자들은 시스템을 멈추지 않고 시스템을 개혁하는 것은 불가능하다고 입을 모읍니다. 지금 우리에겐 시스템 혁명이 필요합니다. '멸종저항Extinction Rebellion'도 이런 역사적 교훈에 따라 비폭력 **시민불복종** 운동을 전개하고 있습니다.

시민불복종civil disobedience은 어떤 법률이 정당하지 않거나 비도덕적이라 의심될 때 고의적으로 법률을 위반함으로써 공공의 관심을 불러일으키는 것을 말합니다. 헨리 데이비드 소로가 자신의 논문 〈시민불복종〉에서 처음 거론하였고 이에 따라 노예제를 지원하는 정부에 대항한 납세거부 운동을 벌이기도 했습니다. 영국의 멸종저항(XR), 미국의 '파이어 드릴드 프라이데이(FDF) 등의 시민 환경단체들이 시민불복종 운동을 벌이고 있습니다.

이 운동이 우리를 어디로 데려갈지는 아무도 모릅니다. 어쩌면 영영 길을 잃게 될 수도 있습니다. 하지만 최악의 선택은 아무것도 하지 못한 채 재앙을 맞는 것입니다. 이런 상황에서 진짜

'급진주의자'는 관성에 따라 낭떠러지로 달려가는 사람들일 것입니다.

공자孔子는 말했습니다. "어떤 일을 하려다 보면 함께 일하려는 사람, 반대하는 사람, 그리고 아무 것도 하지 않으려는 다수의 사람들을 만나게 될 것이다." 지금 우리는 이런 상황에 처해 있습니다.

또 하나의 희망적인 소식은 환경 문제가 세계적인 이슈로 떠오르고 있다는 것입니다. 이제 환경은 모두가 귀를 기울이는 정치적 주제가 되었습니다. 지금은 미쳤다거나 순진하다는 얘기를 듣지 않고도 환경정의를 외칠 수 있게 되었습니다. 여기까지는 적어

환경단체 멸종저항의 시위 장면

도 성공적이라 할 수 있습니다. 하지만 이것만으로 우리의 진짜 현실이 달라지지 않습니다. 지금으로선 아무것도 확신할 수 없습니다. 우리에게 필요한 변화를 이루어낼 수 있을지도 의문입니다. 생태 전환은 많은 의견들이 대립하는 가운데서는 작동할 수 없습니다. 전체주의적인 일사불란함이 필요하다는 얘기가 아닙니다. 정치적 해법과는 다른 접근이 필요하다는 것입니다.

요즈음 세계는 불길한 조짐들로 가득합니다. 잇따른 대형 산불로 엄청난 면적의 숲이 파괴되었습니다. **세계기상기구(WMO)**에 따르면 산불은 지역적 문제를 넘어 전 지구적인 문제가 되었습니다.

세계기상기구(WMO)는 기상과 관련한 국제적 활동이나 협조를 위해 1950년 만들어진 유엔 전문기구입니다. 기상관측이나 연구를 표준화하고, 국가들 사이에 기상정보를 공유하고, 각국의 기상 연구와 관측 수준을 높이는 것을 목표로 합니다.

온난화가 최근 산불들의 주요 원인이고, 이 산불은 다시 온난화에 영향을 주는 악순환이 거듭되고 있습니다. 지금 지구에 남아 있는 나무의 숫자는 인간이 처음 농경을 시작했던 1만 년 전의 절반밖에 되지 않는다고 합니다.

하지만 이렇게 겉으로 드러난 문제 뒤에는 더 심각한 문제들이 숨어 있습니다. 그것은 우리 사고의 이중성입니다. 아마존 숲에서 방화사건이 일어나면 세계가 시끄럽습니다. 언론은 별 대안도 내놓지 못하면서 방화사건을 심각한 문제로 다룹니다. 보우소나루 브라질 대통령의 반환경적인 태도에 비난이 쏟아지지만 우리가 수입해 먹고 있는 육류가 브라질 삼림 방화의 가장 주된 원인이라는 사실은 감춰지곤 합니다. 언론이 아마존 숲의 방화를 한목소리로 규탄하고 난 며칠 뒤에 아마존 숲을 태워 개간한 땅에서 생산한 6만 톤의 콩이 프랑스의 항구에 몰래 입항한 사실은 아무에게도 알려지지 않습니다. 같은 시기에 시베리아에서도 수백만 헥타르의 숲이 불에 타 사라졌지만 이런 사실은 보도조차 되지 않습니다.

2019년 한 해 동안 아마존에서는 축구장 9천6백 개 면적만큼의 숲이 파괴되었습니다. 보우소나루 대통령이 집권한 이후 파괴 면적은 80%가까이 늘어났습니다.

아프리카의 사하라 사막 남쪽에서도 해마다 엄청난 넓이의 초원이 불타 사라지지만 여기에 관심을 가지는 사람은 아무도 없습니다.

또 하나 우리가 생각할 것은 이 사건의 상징적 측면입니다. 지난 번에 불에 탄 **노트르담 대성당**은 숭고함이라는 집단적 감정을 불러일으켰습니다.

2019년 4월 15일에 프랑스의 파리에 있는 노트르담 대성당에서 화재가 발생하여 성당의 첨탑과 주변의 지붕이 무너지는 큰 사고가 발생했습니다.

우리는 성당을 단순히 돌과 나무와 유리로 쌓아올린 건물로 보아선 안 됩니다. 이곳은 누군가에겐 신성한 제단이고, 누군가에겐 역사적 유물이며, 누군가에게는 인간이 이루어낸 기술의 집약체입니다. 신앙과 관계 없이도 우리는 성당이 성당 이상의 의미를 가진다는 걸 잘 알고 있습니다. 그러면서도 우리는 숲이 숲 이상의 의미를 지닌다는 사실은 잊고 삽니다.

여기서 말하는 숲은 사전적 의미의 숲이 아닙니다. 숲은 살아 상호작용하는 수십억 생명체들의 집합입니다. 그곳에는 세상에 하나밖에 없는 생명들이 모여 만든 무한히 복잡한 공생 네트워크가 있습니다.

숲을 폐와 같은 신체의 일부로 생각하는 것은 매우 단순한 생각입니다. 숲은 스스로를 위해 존재하고 그 자체로 가치를 가집니다. 숲은 우리가 배출하는 탄소를 흡수하기 위해 존재하는 게 아닙니다. 숲이 세상을 위해 존재하는 것이 아니라 숲 자체가 세상입니다. 숲은 스스로 진화합니다. 그런데 우리는 이런 가능성을 무시한 채 아직도 숲을 도구로만 생각하고 있습니다.

결론적으로, 화재는 숲을 파괴한 것이 아닙니다. 반대로 숲을 까맣게 태움으로써 자신의 보석과도 같은 가치를 드러내게 했습니다. 연기 속에 까맣게 그을린 숲은 상징적인 의미나 가치를 잃어버린 말 그대로의 숲이 되었습니다.

커다란 불길 속에서 타 없어진 것들은 복구될 수 없습니다. 이 점이 중요합니다. 어떻게 죽은 생명이 복원될 수 있나요? 상상도 못할 고통 속에 죽어간 생명들을 어떻게 되살려낼 수 있나요? 생명을 되돌릴 수 있다고 말하는 것 자체가 우리가 아직 생명을 제대로 이해하지 못했다는 증거입니다. 인간 외의 생명을 이용 가능한 자원 또는 도구로만 보고 있는 것입니다. 이렇게 우리는 인류의 원초적인(아니 원시적인) 죄악을 되풀이하고 있습니다.

반환경론자의 뻔한 주장들

기적 같은 과학이 우리 지구를 구해줄 것이라는 믿음은
근거 없는 미신과도 같습니다.

이제 환경은 누구나 말할 수 있는 자유로운 주제가 되었습니다. 환경 문제는 언론도 비중 있게 보도합니다. 환경 문제가 공론화되지 못하도록 방해하는 세력이 누구인지도 모두 알게 되었습니다. 이들 세력이 절대 아무것도 포기하려 하진 않는다는 것도요! 명백한 과학적 증거도, 스스로를 궁지로 몰아넣는 모순도, 후손들이 겪게 될 고난도 그들을 설득할 수는 없습니다. 이어져 온 관습이나 당장의 안락함을 빼앗기지 않기 위해 그들은 무슨 짓이든 할 준비가 되어 있습니다. 여기서 '그들'이 구체적으로 누구인지는 중요치 않습니다. 현실 부정 세력, 부화뇌동하는 언론, 거대 기업, 금융계의 큰손들, 비양심적인 정치인, 무지한 시민들, 이념에 휩쓸리는 지식인들…. 그들의 모든 주장들이 자기파멸로 흐르고 있습니다.

그들의 진부한 주장들을 살펴볼까요? 부정할 수 없는 증거들이 계속 등장하는데도 그들의 논리는 변함이 없습니다!

1. 환경주의자들은 생존의 위협을 빌미로 독재적 통제를 주장한다.

흥미로운 주장입니다! 하지만 아시다시피 환경운동가들에겐 군대도, 경제력도, 로비스트도 없습니다. 그들 대부분은 정치적으로 자유주의를 신봉하는 사람들입니다. 그런데, 위기에 처한 생명들에게 관심을 호소한다는 이유만으로 그들은 독재세력으로 몰리고 있습니다. 생태정치학에 조금이라도 관심이 있는 사람이라면 그들의 생각이 독재와 얼마나 거리가 먼지 알 것입니다. 환경재앙이 닥쳐 극심한 식량난과 기후난민이 발생하면 정말로 독재나 집단 학살 등의 비극이 일어날 가능성이 큽니다. 그렇게 되면 아이러니하게도 경고를 무시하고 위기상황을 불러온 세력들이 다시 나타나 권력을 잡을 가능성이 높습니다.

2. 그들은 종말론자들이다.

과학적으로 밝혀진 사실들을 전달하는 사람들을 종말론 자라고요? 저는 기적과도 같은 과학적 발견이 우리 지구를 구해줄 것이라는 믿음이야말로 미신에 불과하다고 생각합니다. 따라서 중요한 것은 클린 에너지의 발명이 아니라 어떻게 환경을 파괴하지 않고 에너지를 이용할 수 있는가입니다. 문제는 윤리이지 기술이 아닙니다.

3. 그들 스스로도 자신이 주장하는 걸 실천하지 않는다.

맞는 얘기입니다. 이미 우리는 모두 소비에 중독되어 있으니까요. 하지만 지금 벌어지고 있는 집단범죄를 고발하는 건 누구를 본받으라고 강요하는 것이 아닙니다. 제가 알고 있는 한 어떤 환경운동가도 명령하거나 강요하지 않습니다. 우리를 위협하고 있는 심각한 문제에 힘을 합쳐 맞서자고 호소할 뿐이죠. 환경운동가들의 언행이 일치하지 않는 것을 비난하는 것은 의미가 없습니다. 그들은 인정받거나 선출되기 위해 행동하는 것이 아닙니다. 자신이 속한 세상이 위험에 처했다는 걸 알고 경고하려는 것뿐이지요. 환경에 대한 위기의식은 그들의 욕망이나 심리구조, 세계관과 아무 관계도 없습니다. 자기 전문분야가 아닌 것에 대해 떠들어

댄다고 비난하는 것도 터무니없어요. 그것은 마치 범죄 전문가가 아닌 사람이 범죄를 고발했다고 비난하는 것과 같습니다.

4. 그들의 시위 방식이 눈살을 찌푸리게 한다.

환경운동가들의 퍼포먼스가 합리적이고 이성적인 행동과 거리가 멀어 보일 수 있습니다. 하지만 불행히도 과학적 증거들은 그들의 편입니다. 그리고 이런 선동적인 행동보다 더 끔찍한 현실이 우리 앞에 가로놓여 있습니다. 현실이 너무 끔찍하다고 해서 비현실이 되지는 않습니다.

5. 환경주의자들이 불안을 조장한다.

사실일 수 있습니다. 그러나 다가오는 불행을 걱정하지 않는 것이야말로 불행을 조장하는 게 아닐까요? 분명 위험이 다가오는데도 경고를 멈춰야 할까요? 물론 그들의 외침이 현실을 외면하려는 사람들의 평온을 방해할지도 모르겠습니다. 하지만 문제를 회피함으로써 발생할 결과에 비하면 그 정도의 소란은 너무 사소한 일이 아닐까요? 다가오는 재앙을 부정하는 것보다 지금 괜찮다고 아무것도 하지 않는 것이 더 걱정스러운 행동입니다.

그레타 툰베리를 비난하는 사람들

**"지구 전체의 생태계가 무너지면서 우리는 대멸종의 시작점에 와 있습니다.
그런데 여러분은 오직 돈과 경제성장의 환상만을 얘기하는군요."**

지난 십여 년 동안처럼 환경론자들을 미치광이 취급하는 건 이제 불가능해졌습니다. 과학적 증거가 사실을 말해주고 있으며, 여기엔 반박의 여지도 없습니다. 그렇게 되자 반대론자들은 전략을 바꿔 온갖 비방과 중상모략으로 여론을 장악하려 하고 있습니다. 억지, 과장, 거짓말, 가짜뉴스 등 자연이 보내는 경고 메시지를 지워 버리기 위해 수단과 방법을 가리지 않습니다. 전문가들의 메시지를 그대로 전했을 뿐인 그레타 툰베리 같은 어린 소녀에게까지 광기에 가까운 비난이 퍼부어집니다. 어느 정치인은 공공연히 그녀의 요트가 침몰하길 기원했고, 그녀를 본딴 저주인형이 갑판에 매달렸는가 하면, 어느 단체 관계자는 암살을 사주하기까지 했습니다. 하지만 우리가 정말 부끄러워해야 하는 것은 어린 소녀 혼자 재앙을 막아 보려고 외로운 싸움을 벌이고 있다는 사실입니다.

유엔에서 행한 그레타 툰베리의 연설은 완벽했습니다.

"사람들이 고통 받으며 죽어가고 있습니다. 지구 전체의 생태계가 무너지고 우리는 대멸종의 출발점에 와 있습니다. 그런데 당신들은 오직 돈과 경제성장의 환상만을 이야기하는군요. 어떻게 그럴 수 있나요?"

최근 놀라운 기사 하나가 신문 칼럼난에 실렸습니다. 그레타의 싸움을 나치즘이나 인종차별 테러에 빗대어 비난하는 기사였습니다! (다행히 대부분의 언론들이 이 기사를 강하게 비난했습니다) 이제 진실 같은 것은 중요하지 않습니다. 그들에겐 오직 악의만이 있을 뿐입니다. 그들은 온갖 부정적인 이미지를 상대방에게 덧씌워 억압하는 자와 억압받는 자를 뒤집고, 생명을 옹호하는 이들에게 자신들의 독재자의 이미지를 덮어씌우려고 합니다.

이런 주장들은 유력 매체를 타고 반복적으로 유포되면서 어느덧 설득력을 얻게 됩니다. 암살자가 희생자에게 죄를 뒤집어씌우는 일은 역사 속에서 흔하게 볼 수 있습니다. 오늘날 주목할 점

은 이런 거짓들이 유력 언론매체들의 주도 아래 퍼져나가고 있다
는 것입니다. 그렇게 대멸종(말뜻 그대로)의 경고는 염세주의자나
종말론자들의 헛소리로 치부됩니다!

그레타에게 비난을 퍼붓는 사람들은 두 부류로 나눌 수 있습
니다. 첫째는 어린아이가 훈계하듯 어른들을 가르치려 한다고 불
쾌해 하는 사람들입니다. 그래도 이들은 그레타의 말이 옳다는
것은 인정합니다. 두 번째는 모든 수단과 방법을 동원해 자신들의
기득권을 지키려는 사람들입니다. 그들은 그레타의 신체, 나이, 질

그레타 툰베리가 등교거부 시위를 벌이고 있는 모습

병, 옷차림, 먹는 음식, 헤어 스타일, 얼굴 표정과 목소리까지 공격의 소재로 삼습니다. 다른 환경론자들에 대해서도 머리카락 길이나 시계 브랜드 등 말도 안 되는 것들을 가지고 비난을 퍼붓습니다. 그들은 그레타가 다른 이들의 도움을 받아 연설문을 작성한다고 비난합니다. 그것이 과연 비난받을 일일까요? 내용이 진실이라면 다른 사람의 정보를 얻는 게 무슨 잘못인가요? 대통령들도 연설문을 직접 작성하지는 않습니다. 그레타가 전문가들의 도움을 받지 않으려 했다면 그것이야말로 비난받을 일이 아닐까요?

그레타는 성녀聖女가 아닙니다. 저 또한 그녀의 의견에 모두 동의하지는 않습니다. 그레타는 과학적 진실을 정확히 알리고 미래를 위해 헌신하는 소녀일 뿐입니다!

이런 답답한 상황 속에서 하나의 긍정적인 조짐이 나타나고 있습니다. 극렬한 반대자들 사이에 패닉의 바람이 불고 있는 것입니다. 그들은 지금 흔들리고 있습니다! 우리가 치명타를 날린 것입니다. 그들은 점점 저항할 힘을 잃어 가고 있습니다. 하지만 명심해야 합니다. 당장 눈앞에 재앙이 닥치더라도 그들은 자신들이 가진 무엇도 놓치려 하지 않을 것입니다. 자신들의 특권을 포기하느니 그들은 주저 없이 낭떠러지로 달려갈 것입니다.

그레타 툰베리의 UN 기후행동 정상회의 연설 내용

이건 옳지 않아요. 저는 이 자리에 있으며 안 되는 겁니다. 저는 지금 대서양 너머 나라에 있는 저의 학교에 있어야 해요.

여러분은 우리 청소년들에게 희망을 걸고 이 자리에 오셨다고요? 어떻게 그럴 수 있나요? 마음에도 없는 말로 저의 꿈과 저의 어린 시절을 빼앗아 갔으면서 말이에요.

그나마 저는 운이 좋은 편이지요. 지금 많은 사람들이 고통을 받고 있습니다. 사람들이 죽어가고 있어요. 생태계 전체가 무너지고 있습니다.

지금 우리는 대멸종이 시작되는 시점에 있습니다. 그런데도 여러분이 하는 이야기는 온통 돈과 경제성장이라는 꿈 같은 이야기뿐이군요.

어떻게 그럴 수 있나요? 30년이 넘는 지난 세월 동안 과학이 모든 것을 증명해 주었는데도 그런 진실을 외면하고 이자리에 와서 제 할 일을 다했다고 말할 수 있나요? 정작 우리가 원하는 정책이나 해결책은 하나도 보이지 않는데 말이에요.

우리가 하는 말을 다 듣고 있다고, 얼마나 시급한 일인지다 이해한다고 이야기하셨지요. 아무리 속상하고 화가 나도 저는 그 말을 믿고 싶지 않아요. 만약 정말로 지금 상황을 이해하면서 아무 행동하지 않는 거라면, 여러분은 악마나 다름없기 때문이에요. 그래서 저는 그렇게 믿고 싶지 않은 겁니다.

많은 사람들이 원하듯이, 10년 안에 온실가스를 지금의 반으로 줄인다고 해도 지구 온도 상승폭을 1.5도 아래로 유지할 가능성은 50%밖에 되지 않습니다. 하지만 이조차도 인간의 통제 범위를 벗어나 되먹임 고리 효과로 나타날 가능성이 있습니다. 이 50%가 여러분에게는 만족할 만한 수치일지도 모르죠. 하지만 여기엔 여러 티핑 포인트나 되먹임 고리, 대기오염으로 인한 추가적 온난화 효과는 포함되지 않았으며 기후 정의나 기후 평등 같은 측면도 고려하지 않은 수치입니다.

이것은 자신들이 배출해 놓은 수천억 톤의 이산화탄소를 우리와 우리 다음 세대들에게 떠넘기는 거나 다름없어요. 아직 그런 기술은 존재하지도 않는데 말이에요.

그 결과를 떠안고 살아야 할 우리에게 50%의 위험마저 감수하라는 얘기를 그래서 받아들일 수가 없습니다.

IPCC에서 제시한 최선의 가능성인 1.5℃ 아래로 머무를 수 있는 67%의 기회를 잡으려면 세계는 2018년 1월 1일을 기준으로, 420기가 톤(4천2백 톤) 이상의 이산화탄소를 배출하면 안 되는 상황이었어요. 그러나 이 숫자는 벌써 350기가 톤 밑으로 떨어졌어요.

어떻게 지금까지 살아온 방식을 하나도 바꾸려 하지 않으면서, 기술적인 해결책 몇 가지만으로 이 문제를 풀어나가려고 하나요? 지금처럼 계속 탄소를 배출한다면, 남아있는 탄소예산마저 8년 반 안에 모두 소진되어 버릴 걸 알면서 말이에요.

여러분이 오늘 모여 제시할 어떠한 해결책이나 계획에도 남아있는 탄소예산은 고려되지 않을 거예요. 왜냐하면 이 탄소 예산 수치는 여러분을 매우 곤란하게 만들 테니까요. 그리고 여러분은 아직 진실을 있는 그대로 받아들일 준비가 되어있지 않으니까요.

여러분은 우리를 실망시키고 있습니다. 그리고 우리 세대는 여러분이 우릴 속이고 있다는 것을 이해하기 시작했습니다. 미래세대의 모든 눈이 당신들을 향해 있습니다. 만약 당신들이 우리를 실망시키는 선택을 한다면, 우리는 절대 용서하지 않을 것입니다.

우리는 여러분이 책임을 피해 가도록 내버려 두지 않을 것입니다. 바로 지금 여기서 더 이상은 참지 않겠습니다. 지금 여기서 당장 해결을 보겠습니다.

전 세계가 깨어나고 있으며 좋든 싫든 변화는 시작되고 있으니까요.

감사합니다.

기후 위기를 부정하는 사람들

**거짓 선전을 퍼뜨리는 사람들이 매일같이 언론매체에 등장하여
대부분의 과학자들이 인정하는 사실마저 부정하고 있습니다.**

설령 위기를 벗어난다고 해도 활기가 사라지고 우울한 생태주의의 시대가 올 거라는 우려의 목소리가 있습니다. 이해할 수 있지만 쓸데없는 걱정입니다. 무엇보다 그런 세상으로 변화하고 있다는 징조가 전혀 보이지 않습니다. 아직 오지 않는 미래를 미리 걱정하기보다는 실재하는 멸종을 걱정하는 편이 나을 것 같습니다.

또 하나, 삶의 우울함에서 벗어나기 위해 스포츠카를 몰거나 충분한 고기의 섭취가 필요하다는 가정이 너무 단순하다는 겁니다. 생태주의는 욕망을 거세하려는 운동이 아닙니다. 생태주의자

들은 즐겁고, 유쾌하고, 아름다우며, 가치를 뒤집는 삶을 추구합니다. 그들이 현재의 삶을 부정하는 것은 기존의 규범에 의문을 제기하고, 과시와 소비의 삶이 반드시 행복을 보장해 주지 않는다는 평범한 진실을 일깨워주기 위해서입니다.

지금의 위기를 말해주는 과학적 증거를 부정하려는 태도야말로 거짓 선동이라 할 수 있습니다.

눈을 가리고 현실을 부정하기엔 시간이 너무 없습니다. 그런데도 거짓 선전을 퍼뜨리는 사람들이 매일같이 언론매체에 등장하여 대부분의 과학자들이 인정하는 사실마저 부정하고 있습니다. 요즘 지구 평면론자(지구가 둥글지 않고 평평하다고 주장하는 사람)를 텔레비전에서 보기는 쉽지 않습니다. 그런데 가짜 기후론자들은 왜 이렇게 자주 방송에 나와 터무니없는 주장을 늘어놓는 걸까요?

IPCC의 기후변화 권고안이 발표되었을 때 여기저기서 분노의 목소리가 터져 나왔습니다. 우리가 지금껏 행해 왔던 어리석은 생활습관에 대한 반성이었을까요? 아니면 눈앞에서 행해지고 있는 끔찍한 살육에 대한 분노였을까요? 아닙니다! 그것은 우리의 생활습관을 바꿔야 한다고 주장하는 생태학자들(특히 IPCC의 과학자들)을 향한 비난이었습니다.

그러나 이를 통해 우린 몇 가지 진실을 알게 되었습니다. 즉,

우리가 이뤄낼 변화는 전면적이어야 한다는 사실입니다. 생명을 가볍게 여기는 야만성에서 벗어나려면 우리가 이뤄놓은 문명을 밑바닥부터 다시 들여다보아야 합니다. 노예제도가 폐지될 때나 여성들이 완전한 평등권을 되찾을 때 그랬던 것처럼 말입니다.

지난 40년 동안 기후 위기 부정론자들이 보여 온 태도를 단계별로 요약해 보면 다음과 같습니다.

1. 심각한 위기는 없다.
2. 안타깝게도 앞의 사실을 부정할 수는 없지만 위기는 극복될 수 있다.
3. 안타깝게도 앞의 사실을 부정할 수는 없지만 아직은 심각하지 않다.
4. 안타깝게도 앞의 사실을 부정할 수 없지만 기적이 우리를 구원해줄 것이다.
5. 처음부터 우리가 틀렸고 그동안 너무 많은 시간을 허비했다.

우리는 지금 4번 단계에 와 있습니다. 이 단계에서 너무 시간이 지체되지 않길 바랄 뿐입니다. 5번 단계가 오기 전에 그들은 또 어떤 새로운 변명거리를 만들고 나올지 모릅니다!

파괴가 아닌 공존

지금 가장 급한 것은 생명을 수단으로 보는 사고를 멈추고

어떻게 공존할 것인지 모색하는 일입니다.

같은 거리를 달릴 때 비행기는 고속열차보다 평균 45배 많은 오염 물질을 배출합니다. 직접 비교 불가능한 다른 요인까지 합하면 오염도는 훨씬 클 것입니다. 하지만 이에 대한 대책을 내놓으려 하면 즉시 극렬한 반대에 부딪히게 됩니다. "우리에겐 하늘을 날 권리가 있다!", "항공 산업은 유럽의 경쟁력이다!", "비즈니스를 위해 비행기 여행은 꼭 필요하다!" 등의 구호와 함께 반발이 터져 나옵니다. 관계 당국은 문제 해결의 우선순위를 놓고 갈팡질팡합니다. 하루 20만 대에 달하는 항공기가 일으키는 환경 파괴를 항공기

산업이 주는 경제효과나 편리성 등과 비교할 수 있는 기준이 없기 때문입니다.

승객 1인이 1킬로미터를 이동할 때의 이산화탄소 배출량은 비행기(285g), 중형차(158g), 소형차(104g), 오토바이(72g), 버스(68g), 기차(14g) 순입니다.

미국은 절대적 수치를 들어 중국이 환경 파괴의 주범이라고 비난합니다. 중국은 일인당 온실가스 배출량을 들이대며 미국의 책임이 더 크다고 맞받아칩니다. 저마다 핑계거리는 많고, 그 사이에 수많은 생명들이 죽어 나갑니다.

유해가스를 적게 배출하는 항공 기술이 나와 한꺼번에 문제를 해결해 주리라는 기대는 버리는 것이 좋습니다. 여행 산업의 문제는 비행기가 뿜어내는 배출가스가 아니라 여행 자체에 있기 때문입니다.

여행 산업은 자연 상태에 있던 지역들이 무자비하게 파괴하고 있습니다. 2018년에는 한 해 동안 약 14억 명의 사람들이 국경 너머로 이동하면서(이전 해보다 6%가 상승) 역대 가장 많은 여행객 수를 기록했습니다. 휴가 문화가 그 사회의 발전을 말해주는 지표라는 사실을 부정하지는 않겠습니다. 하지만 즐거움을 위해 꼭 이렇게 자연을 파괴해야만 할까요?

최근의 여러 연구 보고들이 육식 위주의 식생활을 가장 큰 문

나라별 탄소 배출량

2020년 자료에 따르면 화석 연료로 인한 이산화탄소 총 배출량은 중국이 28%를 차지해 압도적인 1위입니다. 두 번째로 많은 이산화탄소 배출국인 미국이 12%이고 인도가 6.3%, 러시아가 4.7% 순입니다. 그러나 1인당 배출량을 보면 미국이 4위이고 중국은 10위권 밑으로 밀려납니다. 중국의 인구가 다른 나라에 비해 압도적으로 많기 때문에 생기는 당연한 결과입니다. 여기서 주목할 점은 한국이 총 배출량에서 8위, 1인당 이산화탄소 배출량에서는 6위를 차지하고 있다는 사실입니다.

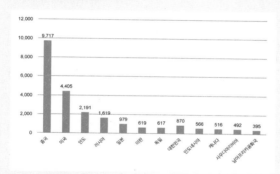

국가별 이산화탄소 배출량(2019년)

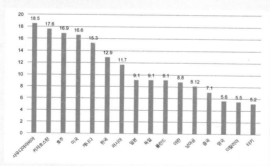

국민당 이산화탄소 배출량

제 중 하나로 지목하고 있습니다. 잡아먹히는 동물들이 겪는 고통, 인간의 건강에 미치는 영향은 차치하고라도 육식이 지구 생태계에 치명적인 영향을 미친다는 건 모두 알고 있을 겁니다. 우리가 먹는 음식이 지구의 건강에 나쁜 영향을 미친다면 이를 단지 개인의 선택 문제로만 볼 수는 없습니다. 물론 축산업 관계자들에 이 모든 책임을(도덕적으로나 경제적으로) 떠넘겨서도 안 됩니다. 이제 부유한 나라들에서 식생활에서 채식이나 비건을 솔선수범하여 실천하는 방법도 생각해 보아야 합니다.

세계 농지의 4분의 3 이상이 가축 사육에 사용되고 있습니다. 이는 경제적으로 비효율적일 뿐만 아니라 엄청난 환경 파괴 효과도 가져옵니다.

IPCC에서 지적했듯이 이제는 인류가 지금까지 저질러온 끔찍한 행동을 되돌아보아야 할 때입니다. 현재 살아있는 포유류 중에서 자연종은 7%뿐이며며 나머지는 모두 도살되기 위해 사육되는 가축들입니다. 조류만 해도 전체의 4분의 3 이상이 농장에서 기르는 것들입니다. 인간을 제외한 모든 동물들에게 세상은 거대한 사육장이자 죽음의 컨베이어벨트입니다.

최근 3년간 IPCC 보고서를 요약해 보면 다음과 같습니다.

1) 온난화가 극심해지고 있으며 1.5℃의 기온 상승 유지가 사실상 힘들어졌다. 2) 생물다양성이 급격히 붕괴되고 있다. 3) 토양

파괴가 세계 식량 위기를 부추기고 있다.

최근의 보고서는 해양과 빙하 문제에도 주목하고 있습니다. 따뜻해진 해류는 해수면을 약 1미터 정도 상승시킬 것으로 예상됩니다. 해수면 상승은 연쇄적으로 수억 명의 인구 이동을 불러일으킬 것입니다. 태풍과 홍수가 잦아지고 영구 동토층이 모두 녹아내리면(이번 세기 말까지는 거의 모든 얼음이 녹아내릴 것으로 예상됩니다) 기후 폭탄으로 되돌아와 악순환의 고리가 이어질 것입니다.

이제 세상의 패러다임을 바꾸는 일은 선택이 아닌 생존의 필수조건입니다. 우리가 해야 할 일은 기존 가치의 틀에서 벗어나 세상이 다시금 정상적으로 굴러가도록 새로운 생존 방법을 찾아내는 것입니다.

유엔 산하 생물다양성과학기구(IPBES)의 최근 보고서는 현재 100만 종 이상의 생물들이 멸종의 위기에 처해 있다고 말합니다. 이 연구 보고서는 "정치, 사회, 경제, 기술 등 모든 분야에서 근본적인 변화가 필요하다"고 경고하고 있습니다.

유엔 생물다양성과학기구(UN IPBES)는 생물다양성협약의 과학적 자문을 위해 2012년 설립된 정부간 협의기구입니다. 생물다양성 감소에 대한 과학적 조사와 연구를 실시하고 해당 결과를 각국의 정책 결정자들에게 전달해 국가별로 환경 정책을 만들어내도록 지원합니다. 기후변화협약의 부속기구인 기후변화에 관한 정부간 협의체(IPCC)와 유사한 기능을 담당하고 있습니다.

또한 토양 파괴로 인해 그 동안 농업 생산성이 23%나 감소했고, 지구상 4분의 3에 이르는 땅이 인간에 의해 심각한 피해를 입고 있으며, 꽃가루를 날라줄 곤충들이 점점 사라지고, 담수 자원의 75%가 농업과 축산업에 사용되며, 물고기들이 남획되고, 플라스틱 오염은 1980년 이후 10배(도시 지역에서는 1990년 이후 두 배)가 증가하였음을 보여주고 있습니다.

지금 지구는 인간과 동물 모두에게 지옥이 되어가고 있습니다. 매년 도축되는 7억9천만 마리의 돼지들에서 기아에 허덕이는 821만 명의 사람들까지, 상황은 나아질 기미가 보이지 않습니다. 지금 급한 일은 자원을 언제까지 사용할 수 있느냐가 아니라 생명을 자원으로 보는 사고를 멈추고 그들과 공존하는 방법을 찾는 것입니다.

생명 파괴에 저항해야 하는 이유

우리는 폭력을 거부해야 하지만 무조건은 아닙니다.

야만적 폭력을 '방임'하는 행위는 이에 맞서는 폭력보다 나쁩니다.

최근 캐나다 환경부 장관이 테러를 암시하는 메시지를 받고 근접경호를 요청한 적이 있습니다. 브라질에서는 매년 50명 이상의 환경운동가들이 숲 보호를 위해 활동하다가 피살되고 있다고 합니다.

폭력 앞에서 우리는 어떤 태도를 취해야 할까요? 남아프리카공화국의 대통령이었던 넬슨 만델라Nelson Mandela는 비폭력주의를 상징하는 대표적인 인물입니다. 그는 모든 증오와 복수를 반대했고, 남아프리카공화국에서 정치적 화해를 이끌어내며 "비폭력주의의" 정당성을 입증했습니다. 평화에 대한 믿음에서 그는 누구에게도 뒤지지 않는 인물이었습니다. 하지만 그런 만델라도 다음과 같은 말을 했습니다.

"비폭력은 상대방이 같은 원칙을 지킬 때만 유효하다. 평화적 시위가 폭력을 만나는 순간 그것은 효력을 잃는다. 나에게 비폭력이란 도덕적 원칙이 아닌 전략일 뿐이다. 비효율적인 무기를 사용할 때 도덕적 선이란 없다."

노벨 평화상 수상자이자 저항의 상징이었던 만델라 같은 인물조차 이렇게 분명히 밝히고 있습니다.

누군가 또 저의 말을 왜곡하고 비난할 수도 있어 분명히 밝혀두겠습니다! 말 그대로의 불법적인 '폭력'은 피해야 하고 비난받아 마땅합니다. 원칙이나 행동에서 생태주의는 그 어떤 이념보다도 비폭력을 지향하기 때문입니다. 그러나 훨씬 파괴적이고 악의적인 폭력에 맞서는 '선의의 폭력'을 반대하지는 않습니다. 이런 저항조차 허용되지 않았더라면 인류의 역사는 벌써 폭력 앞에 무너졌을 것입니다. "다수의 생존을 위협하는 폭력(UN에서 명시한 표현)"에 맞서는 행동에 대해서는 책임을 물을 수 없습니다. 이는 상식의 문제이고, 윤리의 문제이며, 정의의 문제입니다.

우리가 폭력에 저항해야 할 이유는 너무 많습니다. 우리 앞에서 죽어가는 난민들과 독재정권의 억압, 사회적 약자들에 대한 핍박 등이 모두가 폭력에 적극적으로 맞서야 할 이유입니다!

요즈음 **시민 불복종** 운동이 많은 관심을 불러일으키고 있습니다. **시민 불복종**civil disobedience은 어떤 법률이 부당하거나 비도덕적이라 의심될 때 고의적으로 법률을 위반함으로써 공공의 관심을 불러일으키는 행위를 말합니다. 헨리 데이비드 소로가 자신의 논문 〈시민 불복종〉에서 처음으로 언급했습니다. 영국의 멸종저항(XR), 미국의 '파이어 드릴드 프라이데이(FDF)' 등의 많은 시민 단체들이 환경 위기에 대항하는 시민불복종 운동을 벌이고 있습니다.

이들의 행동은 결코 가볍거나 무의미하지 않습니다. 이들이 공공연하고 의도적으로 법을 위반한다고 해서 큰 틀에서 법을 존중하지 않는 것은 아닙니다. 이들의 탈법 행위는 특별한 목적을 위한 상징적인 행위이기에 근본적으로 비폭력입니다. 우리는 폭력을 거부해야 하지만 무조건은 아닙니다. 야만적 폭력을 '방임' 하는 행위는 이에 맞서는 폭력보다 나쁩니다. '시민 불복종 운동'이 환경이 초래할 재앙을 걱정하는 사람들 사이에 진지하게 논의되고 있는 것은 이런 의미에서 자연스럽다 할 수 있습니다.

정치가 앞장서지 않으면 시민 저항이 일어날 수밖에 없습니다. 생명을 지키는 싸움에서 패하면 다른 것이 모두 무의미해집니다.

인류의 흔적

지구의 역사 속에서 인류는 40억 년 생명의 역사 중 가장 짧은 기간 내에 가장 많은 생물들을 멸종시킨 종으로 기억될지도 모릅니다.

미니 드론이 꿀벌 대신 꽃가루를 날라줄 수도 있습니다. 숲을 밀어 버리고 거대한 이산화탄소 흡수 장치를 설치할 수도 있습니다. 새나 이끼, 버섯이 자라지 못하는 강철 콘크리트 숲에서도 기대수명만큼 살 수 있을지 모릅니다. 불가능한 상상은 아닙니다. 하지만 지금 물어야 할 것은 이것이 가능한가가 아니라 우리가 정말 이런 세상을 원하는가입니다.

외계인이 행성 밖에서 지구에서 일어나는 일을 관찰하고 있다고 상상합시다. 그곳에서 그들은 뛰어난 지능과 놀라운 창의력과

용기를 지닌 한 생물종을 발견하게 될 것입니다. 그런데 갑자기 그들이 자신들을 진화하도록 해준 환경을 모두 파괴하고, 물, 공기, 토양을 오염시켜 다른 종족을 독살하려 하고, 후손들에게까지 질병, 기근, 전쟁을 물려주려 합니다. 주변의 다른 생명들을 가혹하게 다루거나 학살하려 하고 이를 막으려는 동료들을 비웃고 조롱을 퍼부으려 합니다. 이 모습을 치켜보는 외계인은 과연 무슨 생각을 할까요? 이 슬픈 장면 앞에서 그들은 어떤 반응을 보일까요?

또 다른 질문을 하나 던져 볼까요? 지질학적 시간 속에서 우리 인류는 과연 어떤 모습으로 기억될까요? 즉, 1억년 뒤의 파충류 지질학자는 우리의 존재를 어떻게 알게 될까요? 당연히 우리가 만든 성이나 댐, 원자력 발전소, 책 같은 것은 흔적도 없을 테고 빙하도 모두 녹아내려 **빙하코어** 속 이산화탄소 농도 측정도 불가능할 것입니다.

빙하코어ice cores란 극지방에서 오랜 기간 묻혀 있던 빙하에서 뽑아낸 얼음을 말합니다. 빙하 코어에는 공기를 비롯하여 당시 동식물의 흔적, 화산재, 먼지 등이 포함되어 있기 때문에 이것을 분석하면 당시에 살았던 생물의 종류나 화산 활동 등을 알 수 있습니다. 특히 빙하에 갇힌 공기방울을 통해 당시의 이산화탄소, 메탄등의 농도를 알 수 있습니다.

그래도 무언가 남을 텐데, 그것은 우리가 우주의 한 시간을 지나갔다는 징표인 화석일 것입니다. 그들은 화산 폭발이나 혹성의 충돌도 없이 갑자기 사라져 버린 생명체들의 흔적을 발견해낼 것입니다.

어쩌면 이것이 장구한 지구의 역사 속에서 우리가 기억될 될 방식일지도 모릅니다. 생명체가 존재했던 40억 년 중 가장 짧은 기간 내에 가장 많은 수의 생물들을 절멸시키고 함께 사라진 종으로 말입니다!

우리나라도 탈원전 정책을 놓고 정치적 입장이 팽팽하게 갈리고 있습니다.

▶ 탈원전의 긍정적 측면과 부정적 측면을 비교하여 생각해 봅시다.

▶ 우리나라의 원전 정책에 대해 알아보고 여러 정당의 정치적 입장이 어떻게 다른지 알아 봅시다.

▶ 다른 나라의 원전 정책에 대해 조사하고 우리나라와 비교해 봅시다.

#탈원전 #정책 #원자력 #에너지 #원전사고

현재 기후위기 극복을 위해 실천하고 있는 것으로는 어떤 것이 있나요?

▶ 작은 실천이라도 기후위기 극복에 도움을 주고 있다고 생각하는 것들의 목록을 작성해 봅시다.

▶ 지금 더 실천할 수 있는데 하지 못하고 있는 것들의 목록도 작성해 봅시다.

채식주의에 대해 어떻게 생각하시나요? 언젠가 채식을 실천해 볼 생각이 있나요? 본인의 생각을 허심탄회하게 이야기해 봅시다.

학교나 가정 식단에서 육류 소비를 줄일 수 있는 방법으로는 무엇이 있을까요? 자유롭게 의견을 말하고 토론해 보세요.

#채식 #비건 #식단 #육류소비

기후 행동을 위한
몇 가지 질문과 대답

질문과 대답

환경주의자로서 스스로 모범을 보이고 있다고 생각하시나요?

답은 "전혀 그렇지 못하다"입니다. 먼저 저는 누구에게 모범을 보여줄 위치에 있지 못합니다. 저 또한 스스로도 문제로 지적되고 있는 생활 습관에서 크게 벗어나지 못하고 있습니다. 단지 끊임없는 반성을 통해 스스로에게 되물을 뿐입니다.

저는 채식주의를 실천하고 있습니다. 대형 마켓에는 되도록 가지 않으며 친환경, 로컬 제품을 이용하려고 노력합니다. 또한 짧은 일정으로 먼 거리를 이동하는 일은 가급적 삼가려고 합니다. 이런 실천들에도 불구하고 제겐 아직 고쳐야 할 습관들이 많습니다. 최근에는 더욱 노력하고 있지만 아직도 부족한 것이 많습니다.

우스운 것은 저의 실천이 부족한 것을 보고 많은 사람들이 뉴스거리로 삼는다는 사실입니다. 실천의 부족함을 제일 먼저 고백한 사람이 바로 저인데도 말이에요. 제가 개인의 의지를 넘어선 정치적 해법이 필요하다고 주장하는 것도 개인의 나약함을 알기 때문입니다. 내부 고발자의 부족함을 지적하는 것은 무의미합니다. 그들은 칭찬해 달라거나 선거에서 당선시켜 달라고 호소하고 있는 것이 아니니까요. 그들은 다만 지구가 토해내는 신음 소리에 귀 기울여 달라고 호소하고 있을 뿐입니다. 이런 호소를 하는 사람들 스스로도 자신이 고발하는 시스템의 일원이라는 사실을 잘 알고 있습니다.

되풀이해 말하지만, 제가 환경 독재를 옹호하려 한다는 주장은 터무니없습니다. 저는 스스로를 **자유주의**자라고 주장합니다.

자유주의liberalism는 집단의 이익보다 개인의 자율적인 판단과 자유를 중요시하는 사상 또는 운동입니다. 국가나 사회집단은 오직 개인의 자유를 보장하기 위해 존재한다고 봅니다.

제 주장은 우리가 다른 사람의 목숨을 함부로 하지 못하는 것처럼 다른 생명체들의 목숨도 함부로 하지 못하도록 규제하자는 것뿐입니다. 저는 이것이 매우 합리적인 주장이라고 생각합니다. 우리에겐 길을 지나가는 사람을 마음대로 폭행할 '자유'가 없죠? 이것도 자유에 대한 억압이라면 억압이라 할 수 있을 겁니다.

하지만 이런 '억압' 덕분에 우리는 마음 놓고 길을 다닐 수 있습니다. 역설적으로 억압이 우리의 자유를 보장하는 장치인 것이죠.

생명, 지구, 기후를 지키는 일도 마찬가지라고 봅니다. 만약 아무 조치도 취하지 않으면 자연 생태계의 붕괴로 인해 우리는 자유를 박탈당하게 될 것입니다. 재앙으로부터 스스로 보호하기 위한 작은 노력들이 결국 우리의 자유를 지켜줄 것이라고 저는 확신합니다. 나중에 우리가 새로운 현실에 적응하게 되면 이런 인위적인 규제는 점점 필요 없어지겠죠!

앞으로 우리의 일상생활이 어떻게 바뀌어야 할까요?

제가 이런 질문에 좋은 대답을 줄 위치에 있는지 모르겠습니다. 앞에서 제시한 기본적인 실천방안들 (올바른 분리수거, 플라스틱 포장 거부, 냉난방기 사용 자제 등등)에 대해서도 저마다 의견이 갈립니다. 이런 실천은 엄청난 현실 앞에서 최소한의 양심을 지키려는 소극적인 몸짓에 불과한 것인지도 모르죠. 하지만 다른 한편으로는 이런 행동이 스스로 양심을 깨우며 더 좋은 해결책을 찾는 과정일 수도 있습니다.

식품(육류 소비를 줄이고 유기농 먹거리 이용), 교통(되도록 철도를 이용하고 자동차를 이용할 때엔 '카풀'로), 소비(새것을 사는 대신 고쳐서 쓰기), 냉난방, 여행 등에서 습관을 변화시키다 보면 분명 위기를 헤쳐나갈 길이 보일 것입니다. 저는 무엇보다 무분별한 소비가 다른 생명들에 치명적인 영향을 미친다는 사실을 모두 깨닫는 것이 중요다고 생각합니다. "모두가 원하는 대로"라는 자유주의의 구호는 이제 통하지 않습니다. 우리는 지구라는 행성에서 함께 살고 있으며 각자의 행동은 모두에게 영향을 미치니까요.

환경 문제와 경제 문제를 분리해서 생각할 수 있을까요?

저는 위급상황에 대처하는 것이 가장 먼저라고 생각합니다. 누구나 저마다의 분석과 의견이 있겠지만, 정치와 경제에서 혁명적인 변화를 기다리기에는 이미 너무 늦었습니다. 생존 문제는 정치·경제적 견해 차이를 넘어섭니다. '생명 대학살'이 벌어지고 있는 상황에서 각자의 판단은 접어두고 본질적인 문제에 합의할 수 있어야 한다고 봅니다. 자유주의자든 공산주의자든 아마존 숲이 파괴고 파리의 공기가 오염되는 것을 기뻐할 사람은 없습니다. 생명을 살리기 위해, 아이들의 미래가 피어나기도 전에 시들어 버리는 걸 막기 위해, 우리는 서로에 대한 적대감을 버리고 합리적인 쪽으로 행동해야 합니다.

그러나 제 개인적인 생각으로는 **신자유주의**와 생명 존중을 내세우는 생태주의가 오래 함께하기는 어려울 것으로 보입니다.

신자유주의neoliberalism란 국가가 시장에 개입하는 것을 반대하고 민간의 자유로운 활동과 시장의 자율적인 기능에 의한 안정적인 경제성장을 추구하는 이론입니다. 1900년대 초 세계 대공황 이후 경제를 주도했던 케인즈 학파의 수정자본주의에 대한 비판과 함께 등장했습니다. 1970년대 석유파동과 함께 세계적인 불황이 닥치고 스태그플레이션이 장기화되자 국가의 시장 개입과 복지정책이 시장경제의 선순환을 왜곡한다는 분석과 함께 **시장 규제의 완화, 공공부문의 민영화, 노동시장의 유연화, 시장의 세계화, 자유무역 등을 통한 시장 확대**를 추구하는 신자유주의가 등장했습니다. 이런 정책은 미국의 레이건 정부나 영국의 대처 정부 등에서 적극적으로 수용되었고 이후 두 나라가 경제 호황의 시기를 거치면서 세계 시장을 주도하는 이론으로 각광을 받게 되었습니다. 그러나 지금은 세계적 금융위기와 실업, 빈부격차 확대, 국가 간 무역 마찰 등의 문제들이 발생하면서 이 이론에 대한 반발이 커지고 있습니다. 특히 신자유주의가 추구하는 세계화는 저개발국들의 무분별한 자원 개발을 부추겨 환경 파괴를 가속화하는 것으로 평가받고 있습니다.

생태적 변화는 사회적 변화가 함께할 수 있을 때에만 가능합니다. 따라서 지나친 부의 집중과 소비 문제를 해결하지 않으면 지속 가능한 발전 시스템은 작동할 수 없을 것입니다.

지속 가능한 발전sustainable development은 미래 세대의 삶과 발전 능력을 막지 않으면서 현재 세대의 필요도 충족시킬 수 있는 발전 방식입니다. 사회 모든 분야에서 환경에의 영향을 최우선으로 정책에 반영함으로써 미래 세대들이 파괴되지 않은 환경 속에서 나은 삶을 계속 이어 나갈 수 있도록 하자는 의도로 1987년 세계환경개발위원회(WCED)의 보고서에서 처음 제안했습니다. 인류의 무분별한 자원 이용과 소비를 감당하기에 자연환경의 수용 능력에는 한계가 있으므로 이를 감당할 수 있는 정도 안에서만 인간의 활동이 이루어져야 한다는 생각을 담고 있습니다. 경제적으로는 한정된 에너지를 최대한 효율적으로 이용하고, 사회적으로는 부의 차이와 불평들을 줄이고, 환경적으로는 우리 후손들이 지구 자원을 충분히 사용할 수 있도록 배려한다는 원칙이 담겨 있습니다.

앞으로도 환경 저항 운동에 어떤 식으로 참여하실 예정인가요?

공식적으로 전면에 나설 생각은 없습니다. 하지만 제가 기대하는 정책을 이끌어내는 활동에는 적극적으로 앞장설 생각입니다. 저는 자가용을 거의 이용하지 않습니다. (물론 이런 행위를 모두에게 강요하긴 어렵다는 걸 잘 압니다.) 그래서 너무 먼 곳에서 열리는 회의는 가급적 참석하지 않습니다. 장거리 이동으로 인한 폐해가 직접 만남으로 얻는 이득보다 크다고 생각하기 때문입니다. 식생활에서는 유기농 식품과 로컬식품을 이용하고 넓은 의미에서의 비건식을 시행하고 있습니다.

비건vegan은 고기, 우유, 달걀 등을 포함한 동물성 식품을 전혀 먹지 않는 적극적인 채식주의를 말합니다.

물론 생활의 여유가 없는 학생들은 이런 생활을 유지하기 힘들다는 것을 알고 있습니다. 그래서 저는 세금이나 재정 정책을 통해서 환경에 대한 책임감이 부유하지 않은 사람들에게까지 확산될 수 있도록 해야 한다고 생각합니다.

미래를 낙관하시나요? 아니면 두려우신가요?

솔직히 말하면 두렵습니다. 산책을 하면서도 미래에 다가올 일들을 생각하면 눈물이 날 정도입니다. 지금 파괴를 멈춘다고 해도 피해와 고통은 계속되고 상황은 오랫동안 나아지지 않을 것입니다. 저는 낙천적이지 못합니다. 정치권은 쓸 데 없는 일에만 열을 올리고 언론은 장관의 성격이나 해외 순방 중인 대통령의 패션 따위에나 관심을 가지죠. 제 눈에는 이 모든 것들이 어리

섞어 보입니다. 정치인이 텔레비전에 나와 한 시간 동안 떠들어도 환경 문제에 대해선 한마디도 언급하지 않습니다. 이것은 마치 전쟁 중인데도 뉴스에서는 전쟁에 대해 한마디도 이야기하지 않는 것과 같습니다. 미래가 불안정하고 곳곳에서 생명이 위협받고 있는데도 우리는 이런 사실을 까맣게 잊고 살아갑니다.

과연 우리는 이 난관을 헤쳐 나갈 수 있을까요? 저의 생각이 틀리기 바라지만, 저는 그게 불가능해 보이기도 합니다.

그래도 작은 희망은 보입니다. 예를 들어 프랑스에서 산업용 이산화탄소 배출량이 감소세로 돌아섰습니다. 유럽연합도 온실가스 배출 감소 목표치를 달성했습니다. 그러나 상황은 여전히 좋지 않습니다. 세계 전체를 놓고 볼 때 지난 2년간 이산화탄소 배출량은 다시 증가세로 돌아섰으니까요.

과학의 기적이 우리를 구원해 줄 수 있을까요? 예를 들어 '천재 과학자'가 나타나 문제를 한꺼번에 해결해 줄 수 있을까요?

저는 한순간도 그런 이야기를 믿어 본 적이 없습니다. 물론 과학기술의 발전이 도움은 될 수 있겠죠. 특정 기술을 이용해 온실가스 배출을 최대한 줄일 수는 있을 겁니다. 하지만 소비를 줄이는 것만이(이것이 지적, 문화적, 과학적 퇴보를 의미하지는 않습니다) 유일한 해결책이라는 사실엔 변함이 없습니다. '녹색성장'이나 '녹색기술', '청정에너지' 등은 근본적인 해결책이 될 수 없습니다. '녹색' 딱지를 붙인다고 해서 에너지가 백 퍼센트 청정해질 수는 없다는 얘기입니다.

녹색성장과 녹색기술 그리고 청정에너지

녹색성장green growth은 경제와 환경이 조화를 이루는 성장을 말합니다. 이는 환경을 더 이상 훼손하지 않고도 경제가 성장할 수 있다는 생각을 바탕으로 합니다. 예를 들어 에너지와 자원을 절약하거나 효율적으로 사용하여 환경 훼손을 줄이고, 청정에너지와 녹색기술의 연구개발을 통하여 경제 성장과 새로운 일자리 창출을 동시에 이루는 성장 정책을 들 수 있습니다. 우리 나라도 2010년 녹색성장 정책들을 유기적으로 통합한 '저탄소 녹색성장 기본법'을 제정하여 국가 정책의 비전으로 제시하고 있습니다.

녹색 기술green technology은 에너지와 자원을 절약하고 효율적으로 사용하여 온실가스 및 오염 물질의 배출 등 환경 훼손을 최소화할 수 있는 기술입니다. 온실가스 감축 기술, 에너지 이용 효율화 기술, 청정 생산 기술, 청정 에너지 기술, 자원순환 및 친환경 기술 등을 포함합니다.

청정에너지green energy는 오염물질이 발생하지 않는 맑고 깨끗한 에너지를 말합니다. 태양열 에너지, 태양광 에너지, 풍력 에너지, 바이오매스 에너지 등을 청정에너지라고 부를 수 있습니다. 그러나 이런 에너지 생산을 위한 시설을 짓거나 거기서 나온 폐기물을 처리하는 과정에서 환경 유해물질이 발생할 수 있으므로 완전한 청정에너지란 없다고 할 수 있습니다.

세상을 구할 기적의 기술이 가능하다는 믿음에 대해선 몇 가지 이유 때문에 동의할 수 없어요. 첫째, 이미 파괴가 진행되고 있으며 피해가 발생하고 있기 때문입니다. 앞으로 50년 안에 극적인 반전이 일어난다고 해도 그때는 이미 많은 생명들이 파괴되고 복구될 수 없을 정도의 피해가 발생하고 난 뒤일 겁니다. 둘째, 아직까지 과학적 기적이 나타날 어떤 징후도 발견할 수 없기 때문입니다. 따라서 그런 믿음은 아직까진 신앙에 불과하다고 볼 수밖에 없습니다. 일부 사람들이 기대하는 것처럼 화성에 식민지를 개척할 수 있다고 해도 그곳까지 갈 수 있는 사람은 극소수에 불과할 겁니다. 설령 화성에 무사히 정착한다고 해도 첨단 기술이 고사리나 들쥐를 대신하는 세상이 과연 바람직한 세상일까요? 기술은 자연 생태계처럼 정밀하지 못합니다. 기술은 많은 것을 대신해 주지만 그것은 우리 삶의 극히 일부일 뿐입니다. 자연을 대체할 수 있는 기술을 만들어내는 것은 지금으로선 불가능하다고 말할 수밖에 없습니다.

원자력 발전에 대해 어떻게 생각하시나요?

원자력에 대한 논란은 환경 문제의 쟁점을 흐리곤 합니다. 탈원전이란 이슈에 환경이라는 거대한 주제가 묻혀 버리기 때문이죠. 환경 문제에서 원자력은 매우 작은 부분이라서 저는 지금까지 일부러 말을 아껴 왔습니다. 원전 문제는 매우 복잡하고 미묘합니다. 열정적인 환경운동가들 중에는 이를 지지하는 사람들도 많습니다. 그보다 많은 환경운동가들이 원전에 강력하게 반대하고 있지만 말입니다.

원자력 발전은 이산화탄소를 거의 배출하지 않는다는 장점이 있습니다. 원자력 에너지의 이산화탄소 배출량은 1킬로와트당 10그램으로 석탄 991그램, 석유 782그램에 비해 매우 적습니다.

그렇다고 원자력에 문제가 없는 것은 아닙니다. 원자력의 가장 큰 문제는 폐기물의 수명이 매우 길다는 점입니다. 폐기물 보관이 매우 까다롭고 저장기간이 정치적 안전을 보장할 수 없을 정도로 길다는 겁니다. 제 생각에는 이것이 원자력의 가장 큰 단점입니다. 원전을 해체하는 데에도 막대한 비용과 복잡한 과정이 필요합니다.

그렇다고 성급하게 탈원전을 시도하는 것은 바람직하지 않습니다. 원전이 가동되지 않으면 지구 온난화를 부추기는 화석에너지의 사용량이 더욱 늘어날 수밖에 없기 때문이죠. 이렇게 복잡한 문제가 있기에 우리는 더욱 신중하게 생각하고 대처해야 합니다.

저도 장기적으로 볼 때 원전이 좋은 해결책이라고 보지는 않습니다. 그렇다고 지금 당장 원전에서 벗어날 수 있으리라고 보지

프랑스 크뤼아스-메이스Cruas-Meysse 원자력발전소

도 않습니다. 그건 현실적으로 불가능한 일입니다.

저는 핵융합 연구에 반대하지 않지만 장기적인 관점에서만 그렇습니다. 따라서 핵 발전에 대한 연구개발 예산이 다른 대체에너지(태양에너지, 풍력, 바이오매스, 조력발전 등)의 연구개발 예산을 갉아먹어선 안 된다고 생각합니다.

이미 너무 늦은 게 아닐까요?

이 질문에는 모순이 있습니다. 무엇이 늦었다는 얘기인가요?

아무 일도 없이 지나가기엔 너무 늦지 않았냐는 얘기라면 당연히 그렇습니다. 많이 늦었죠. 그러나 최악의 상황을 피하기에 너무 늦었냐는 질문이라면 그렇지 않다고 대답하겠습니다. 앞으로도 우리는 지구의 더 많은 것을 파괴하고 더 큰 피해를 입힐 수 있습니다. 너무 늦었다는 말에는 여러 가지 뜻이 있습니다. 만약에 너무 늦었으니 어쩔 수 없지 않느냐는 거라면 그건 최악의 해답일 것입니다.

법적 규제를 통한 해결을 주장하시는데 그것은 자유를 제한하자는 것 아닌가요?

생명이 없다면 우리에게 자유가 무슨 소용이 있나요? 무엇보다, 지금 '완전한 자유'를 누리고 있다고 가정하고 그것을 지켜야 한다고 주장하는 것은 모순이라고 생각합니다. 수많은 법 조항들이 할 수 있는 것과 하지 말아야 할 것을 규정하고 있습니다. 공공선을 위해, 누군가의 폭력이 다른 사람의 자유를 침해하지 못하도록 하기 위해서죠. 저는 생명에 가하는 극단적인 폭력들이 더 이상 허용되지 않길 바랄 뿐입니다. 우리 모두에게 살아있을 자유가 허락되도록 말입니다.

인구 문제에 대해 어떻게 생각하시나요?

인구는 매우 민감한 문제입니다. 그런데 여기에는 또 다른 함정이 있습니다. 인구를 유일한 문제처럼 몰아가면서 인구가 급증하고 있는 나라들에게 책임을 떠넘길 수도 있기 때문이죠. 하지만 이런 주장은 여러 가지 이유로 받아들일 수 없습니다.

첫째, 인구증가율이 높은 나라들의 대부분이 빈곤국이고, 식민지 시대처럼 그들에게 원하지 않는 생활방식을 강요할 수는 없습니다. 누구도 그 나라들이 가진 유일한 자산인 인구를 포기하라고 강요할 권리는 없습니다.

보다 중요한 두 번째 이유는, 실제로 인구증가가 환경오염의 가장 큰 원인이 아니기 때문입니다. 세계 인구는 생각했던 것처럼 기하급수적으로 늘어나고 있지 않습니다. 염려와는 반대로 세계 인구는 2050년경이면 안정세에 접어들 것으로 보입니다.

마지막 세 번째 이유는 부와 자원만 잘 배분된다면 지금보다 많은 인구로도 지구촌 전체가 훨씬 안정적인 생활을 유지할 수 있기 때문입니다. 세계 50%의 가난한 사람들이(대부분 인구가 급팽창하고 있는 나라에서) 배출하는 이산화탄소 양은 전체의 10%밖에 되지 않습니다. 반면 부유한 10%의 사람들이 배출하는 이산화탄소는 50%에 이릅니다. 따라서 인구 통계를 문제 삼는 것은 문제의 본질을 왜곡하는 것입니다.

물론 인간뿐 아니라 다른 생명체들에게도 인구수가 적은 것이 바람직할 수 있습니다. 하지만 인구 문제가 **식민주의**적으로 강제되어서는 안 됩니다.

식민주의colonialism는 한 나라가 다른 나라를 정치적으로 지배할 뿐 아니라 종교, 언어, 법, 관습, 경제 행위 등에서 자신들의 방식을 강요하거나 주입하는 것을 말합니다. 직접적인 식민지배가 아니라도 경제나 문화적 지배를 통해 식민주의가 계속될 수 있다는 점에서 이는 현재의 문제라고도 볼 수 있습니다.

예를 들어 의료보험, 퇴직연금, 실업수당 같은 복지정책은 삶의 질을 개선하면서 출생률 감소 효과도 함께 가져올 수 있습니다.

결정적으로 인구 문제에만 초점을 맞추면 다음과 같은 여러 오류들을 범하게 될 수 있습니다. 첫째, 자원의 수요가 늘어나고 환경 파괴가 지속되는 한 아무리 인구를 억제한다고 해도 재앙을 조금 지연시키는 효과밖에는 거둘 수 없습니다. 둘째, 적은 인구로 갑작스런 충격이나 파괴는 막을 수 있을지 몰라도 우리가 두려워하는 시스템의 붕괴를 막을 수는 없습니다.

인간이 매년 학살하는 동물의 수는 천억 마리에 이릅니다. 만약에 지금보다 인구가 25% 줄면 도살되는 동물의 수도 750억 마리 정도로(이것도 추정일 뿐이지만) 줄어들 것입니다. 하지만 이것을 진정한 해결이라고 말할 수 있을까요? 지금 바꿔야 할 것은 우리의 생활 습관이지 인구 수가 아닙니다.

우리는 누구와 연대해야 할까요?

우리들의 가장 큰 문제는 큰 틀에서의 가치는 공유하면서도 작은 의견 차이에서 극한 대립을 보이곤 한다는 점입니다. 저는 생명을 지키는 일에서만은 철저히 합리적이어야 한다고 봅니다. 개인이나 당파 간에 목적이 다르다는 이유로 협력을 거부하는 사례를 자주 봅니다. 같은 행동이라도 누군가에게는 너무 급진적으로, 또 누군가에게는 너무 소극적으로 보일 수 있습니다. 하지만 이미 우리는 그런 단계를 넘어섰습니다. 이제는 서로의 의견 차이에 관계없이 힘을 합칠 수밖에 없습니다.

꼭 세상을 멸망으로부터 구해야 하나요? 우리가 그럴 수 있을까요?

가장 대답하기 어려운 질문입니다. 냉소적으로 말하면 한 세상의 멸망은 다른 세상에게는 기회가 되겠죠. 대멸종의 재앙이 닥치더라도 몇백 만 년 뒤 지구는 틀림없이 새로운 생명들로 북적일 겁니다. 하지만 인구는 숫자가 아니라 수많은 개인들의 집합이며 종 아래엔 수없이 많은 생명체들이 있다는 걸 잊으면 안 됩니다. "한 종이 사라지면 다른 종이 자리를 대신하겠지"라는 말은 "나는 내 아이들이 죽도록 내버려두기로 했어!"라는 말과 다르지 않습니다. 우리 후손들은 멸망하기 전에 전쟁, 기아, 추방 등의 고통을 먼저 겪게 될 것입니다. 그리고 아무 선택권 없는 수십억 마리의 동물들도 고통을 함께할 것입니다. 따라서 컴퓨터 키보드를 두드리며 세상을 달관한 듯 "피할 수 없다면 다 같이 죽어야지!"라며 허세를 부리는 행동이 얼마나 끔찍한지 알아야 합니다.

우리가 이 위기를 잘 극복할 수 있을지 저도 잘 모르겠습니다.

쓰레기통과 오븐으로 변해버린 지구 행성에서 겨우 목숨만 보존하는 것이 목표라면 지금 싸움을 포기해도 좋습니다. 하지만 그 뒤의 고통은 우리가 상상한 것보다 훨씬 클 것입니다. 아직 체념하고 받아들이기엔 너무 이릅니다. 적어도 최악의 상황은 피할 수 기회는 있습니다. 그것만으로도 기적이라 할 수 있을 겁니다. 아니, 지구상 생명의 탄생 자체가 이미 기적이 아니었던가요?

지구온난화 1.5℃ 특별보고서를 찾아 보고 지구 평균온도가 1.5℃ 상승할 때와 2.0℃ 상승할 때 지구에 미치는 영향의 차이가 무엇인지 정리해 봅시다.

(www.climate.go.kr의 '열린마당 > 발간물 > IPCC 보고서에서 요약본을 전자파일로 내려받을 수 있습니다.)

#IPCC #48차 #총회 #지구온난화 #특별보고서 #송도 #평균온도 #1.5도 #2도

그레타 툰베리가 UN 기후 정상회의에서 한 아래 연설 내용을 자세히 알아보고 보충 설명을 달아 봅시다.

많은 사람들이 지지하듯이, 10년 안에 온실가스를 지금의 반으로 줄이자는 아이디어로도 지구 온도 상승폭을 1.5도 아래로 유지할 가능성은 50%밖에 되지 않습니다. 하지만 이마저도 인간의 통제 범위를 벗어나 되먹임 고리 효과를 나타낼 가능성이 있는 조치입니다.

이 50%가 여러분에게는 만족할 만한 수치일지 모르겠습니다. 하지만 이것은 여러 티핑 포인트나 되먹임 고리들, 대기오염으로 인한 추가적 온난화 효과는 포함되지 않았으며 기후 정의나 기후평등 같은 측면도 고려하지 않은 수치입니다.

#온실가스 #지구온도 #1.5도 #티핑포인트 #되먹임고리 #기후정의 #기후평등

그레타 툰베리의 연설문을 읽고 느낀 점을 이야기해 보세요.

#툰베리 #UN연설

우리나라의 환경단체들이 벌이는 '기후행동'에 대해 여러분은 어떻게 생각하나요? 본인의 생각을 허심탄회하게 이야기해 보세요.

#기후 #환경단체 #NGO

비폭력 시민 불복종에 대해 어떻게 생각하나요? 아니면 정당하지 않거나 부도덕한 법이라 하더라도 지켜야 할까요? 지켜야 할 한계선은 어디까지일까요? 자신의 의견을 이야기해 봅시다.

#비폭력주의 #시민불복종 #악법

이 책을 읽고 느낀 소감을 발표해 봅시다. 지은이 오렐리앙 바로에게 편지를 쓴다면 뭐라고 쓰시겠습니까?

지구 생명의 미래를 위해 알아두어야 할 것들

1. 다섯 번의 대멸종 중 가장 많은 생명체를 사라지게 한 것은 몇 번째 대멸종
   일까요?

   ① 4억4천5백만 년 전 고생대 오르도비스기 첫 번째 대멸종
   ② 3억6천만 년 전 고생대 데본기 두 번째 대멸종
   ③ 2억5천만 년 전 고생대 페름기 세 번째 대멸종
   ④ 2억5백만 년 전 중생대 트라이아스기 네 번째 대멸종
   ⑤ 6천5백만 년 전 중생대 백악기 다섯 번째 대멸종

2. 다섯 번의 대멸종 중 지구상 공룡들을 사라지게 만든 것은 몇 번째 대멸종일
   까요?

   ① 4억4천5백만 년 전 고생대 오르도비스기 첫 번째 대멸종
   ② 3억6천만 년 전 고생대 데본기 두 번째 대멸종
   ③ 2억5천만 년 전 고생대 페름기 세 번째 대멸종
   ④ 2억5백만 년 전 중생대 트라이아스기 네 번째 대멸종
   ⑤ 6천5백만 년 전 중생대 백악기 다섯 번째 대멸종

3. 다음 중 생명체가 가져야 할 조건에 해당하지 않는 것은 무엇일까요?

   ① 물질대사   ② 항상성   ③ 자기복제
   ④ 돌연변이   ⑤ 유성생식

4. 다음 중 생태계의 비생물적 요소라고 할 수 없는 것은 무엇일까요?

① 햇빛　　　　　② 공기　　　　　③ 물

④ 세균　　　　　⑤ 이산화탄소

5. 다음 중 지구 온난화가 불러올 효과가 아닌 것은 무엇인가요?

① 태풍　　　　　② 홍수　　　　　③ 사막화

④ 전염병　　　　⑤ 행성 충돌　　　⑥ 멸종

6. 다음 나라들 중 물 기근 국가가 아닌 곳은 어디일까요?

① 사우디아라비아　　② 요르단　　　③ 케냐

④ 소말리아　　　　　⑤ 이스라엘　　⑥ 한국

7. 다음 나라들 중 물 풍요 국가가 아닌 곳은 어디일까요?

① 일본　　　　　② 벨기에　　　　③ 한국

④ 미국　　　　　⑤ 캐나다

8. 사헬 지방은 최근 들어 지구 온난화로 인한 기후 이변 때문에 사막화가 빠르게 진행되고 있습니다. 다음 중 사헬 지방이 있는 대륙은 어디인가요?

① 아프리카　　　② 아시아　　　　③ 유럽

④ 남아메리카　　⑤ 오세아니아

9. 지구의 평균 기온이 기온 관측이 시작된 1860년대보다 2℃ 이상 오르지 않도록 노력하기로 협의한 조약의 이름은 무엇입니까?

① 파리 기후협약　　② 교토 의정서

③ 리우 환경협약　　④ 생물 다양성 협약

10. 다음 중 2018년 IPCC 제48차 총회에서 채택한 '지구온난화 1.5℃ 특별보고서'의 내용이 아닌 것을 찾아 보세요.

① 현재 기온은 산업화가 시작된 1860년대보다 1℃ 이상 올라가 있는 상태이다.

② 지금의 추세대로라면 2030년에서 2052년 사이에 파리기후협정에서 설정한 목표치인 평균 기온 1.5℃ 상승에 도달하게 될 것이다.

③ 지구의 평균온도 상승 폭 1.5℃의 목표에 도달하려면 2030년까지 이산화탄소의 배출량을 지금의 절반 이하로 낮추지 않으면 안 된다.

④ 2050년까지 화석연료의 사용을 현재 상태로 유지하는 것을 목표로 해야 한다.

11. 다음 중 교토의정서에서 규제 대상으로 정한 온실가스가 아닌 것은 무엇입니까?

① 이산화탄소($CO2$)　　② 메탄(CH_4)　　③ 아산화질소(N_2O)

④ 수소불화탄소(HFCs)　　⑤ 산소(O_2)　　⑥ 과불화탄소(PFCs)

⑦ 육불화황(SF)

12. 다음 중 온실가스 배출권 거래제에 대한 올바른 설명이 아닌 것은 무엇일까요?

① 온실가스를 적게 배출해 할당량이 남은 기업은 초과 배출한 다른 기업에 배출권을 팔 수 있다.

② 국가 간에도 온실가스 배출권 거래가 가능하다.

③ '교토의정서'에서 온실가스 감축 의무 이행을 돕기 위해 도입한 제도다.

④ 유럽연합, 카자흐스탄 등 일부 국가에서 시행하고 있으나 우리나라는 아직 도입되고 있지 않다.

13. 다음 중 세계 이산화탄소 배출량의 4분의 1이상을 차지하여 가장 많은 온실가스를 배출하는 나라는 어디일까요?

① 미국   ② 한국   ③ 사우디아라비아

④ 중국   ⑤ 캐나다

14. 탄소 중립은 이산화탄소의 배출량을 (　　) 상태로 만드는 것을 말합니다. 다음 중 괄호 안에 들어갈 알맞은 말은 무엇일까요?

① 0   ② 100%   ③ 최대   ④ 최저

15. 기업들이 일정한 수준까지만 온실가스를 배출할 수 있도록 허용하고 부족하거나 남는 배출량에 대한 권리를 사고 팔 수 있도록 한 조치를 무엇이라고 할까요?

① 온실가스 배출권 거래제   ② 탄소세

④ 생산 이력제   ④ 혼잡 통행료 징수

16. 다음 중 재생 에너지에 속하지 않는 것은 무엇일까요?

① 태양광   ② 풍력   ③ 지열   ④ 바이오매스

⑤ 수소   ⑥ 천연가스

17. 환경위기에서 벗어나기 위해 실천해야 할 행동이 아닌 것을 골라 보세요.

① 자동차 이용을 줄인다.   ② 육류 소비를 억제한다.

③ 분리수거를 한다.   ④ 유기농 제품을 애용한다.

⑤ 조명을 LED 전등으로 바꾼다.   ⑥ 화학물질이 덜 들어간 제품을 쓴다.

⑦ 쇼핑은 되도록 인터넷으로 한다.

18. 다음 중 태양광 에너지의 특징이 아닌 것을 골라 보세요.

① 태양빛 에너지를 전기 에너지로 바꾸는 방식이다.

② 태양전지를 설치하여 에너지를 얻는다.

③ 일반 가정에서도 설치하여 사용할 수 있다.

④ 태양열로 물을 끓여 전기를 발생시킨다.

⑤ 대기오염이나 폐기물 발생이 적다.

19. 다음 중 바이오매스 에너지를 추출할 수 있는 원료가 아닌 것은 무엇일까요?

① 나무   ② 고구마   ③ 옥수수

④ 페트병   ⑤ 음식물 쓰레기   ⑥ 해조류

20. 다음 중 한반도에서 지정된 생물권 보전지역이 아닌 곳은 어디일까요?

① 설악산   ② 북한산   ③ 제주도

④ 신안 다도해   ⑤ 광릉숲   ⑥ 금강산

⑦ 백두산

21. 유네스코가 지정하는 3대 보전지역에 해당하지 않는 곳은 어떤 곳일까요?

① 세계유산   ② 생물권 보전지역

③ 개발제한구역   ④ 세계 지질공원

22. 다음 중 신자유주의가 추구하는 경제 정책에 해당하지 않는 것을 두 개 골라 보세요.

① 민영화   ② 시장규제 철폐   ③ 노동시장의 유연화

④ 무역관세 철폐   ⑤ 세계화   ⑥ 보호무역

⑦ 복지제도 확대

23. 다음 중 원자력 발전의 문제점이라고 할 수 없는 것을 골라 보세요.

① 시설비용이 많이 든다.

② 폐기물 처리가 어렵다

③ 사고가 나면 큰 피해가 발생한다.

④ 온실가스를 많이 배출한다.

⑤ 시설 해체 비용이 많이 든다.

24. 채식주의자 중 곡식과 과일, 채소만을 먹고 유제품, 달걀, 어패류, 육류를 모두 먹지 않는 사람을 가리키는 용어는 무엇일까요?

① 프루테리언   ② 비건   ③ 락토   ④ 오보

⑤ 락토오보   ⑥ 페스코   ⑦ 폴로

25. 다음 중 에너지 절약 실천 요령으로 틀린 것을 골라 보세요.

① 여름철 냉방을 위한 적정 실내온도는 25°C에서 28°C이다.

② 겨울철 난방을 위한 적정 실내온도는 18°C에서 20°C이다.

③ 냉장고의 냉동실은 냉기가 빠져나가지 않도록 꽉 채워 넣는 게 좋다.

④ 더울 때 에어컨과 선풍기를 함께 사용하는 것이 효과적이다.

⑤ 조명등은 LED등보다 백열등을 사용하면 전기가 절약된다.

⑥ 설거지 할 때 설거지통을 사용하면 물을 절약할 수 있다.

⑦ 자주 사용하지 않는 전자제품은 평소에 콘센트를 뽑아 놓는다.

26. 다음 중 올바른 쓰레기 배출 방법이 아닌 것을 두 개 골라 보세요.

① 음식물 쓰레기는 최대한 줄인다.

② 덩어리가 큰 수박껍질이나 길이가 긴 채소류 등은 큰 봉투에 담아 통째로 배출한다.

③ 음식물 쓰레기는 최대한 물기를 제거한 뒤 배출한다.

④ 1회용 제품이나 플라스틱 포장이 과한 제품은 되도록 사용하지 않는다.

⑤ 쓰레기 배출을 쉽게 하기 위해 라벨이 단단히 붙어 있는 제품을 구매한다.

⑥ 식당에서 먹지 않을 반찬은 미리 반납한다.

27. 자원낭비를 줄이기 위해 실천해야 할 일에 해당하지 않는 것을 골라 보세요.

① 종이 타월이나 핸드드라이어를 사용하는 대신 손수건을 가지고 다닌다.

② 물건을 구입할 때 전자영수증 대신 종이 영수증을 꼭 챙긴다.

③ 실내에서 개인 컵을 사용하고 외출할 때에는 텀블러를 가지고 다닌다.

④ 프린트 출력할 때 되도록 양면인쇄와 흑백인쇄를 기능을 사용한다.

⑤ 상자를 포장할 때 비닐 테이프나 에어캡의 사용을 줄인다.

⑥ 마트나 시장에 갈 때 장바구니를 들고 간다.

28. 다음 중 냉난방기의 효율적인 가동 방법으로 틀린 것을 골라 보세요.

① 에어컨 실외기는 직사광선에 노출되지 않도록 차양막을 설치하는 것이 좋다.

② 에어컨은 선풍기와 함께 사용하면 효과가 좋다.

③ 잠시 외출할 때는 보일러를 끄지 않고 외출모드로 설정하는 것이 좋다.

④ 에어컨 필터가 막히지 않도록 주기적으로 청소해 준다.

⑤ 에어컨은 용량이 큰 것을 사용할수록 냉방 효과가 좋다.

29. 다음 중 난방비를 절약하는 올바른 방법이 아닌 것을 골라 보세요.

① 창문을 통해 열이 빠져나가지 않도록 '뽁뽁이' 등의 단열재를 붙여 준다.

② 잠시라도 자리를 비울 때에는 보일러를 꺼 두는 것이 효과적이다.

③ 체감온도를 높이기 위해 내복을 입거나 옷을 두껍게 입는다.

④ 겨울에 사용하지 않는 방의 보일러는 차단기로 닫아두고 보일러를 자주 청소한다.

⑤ 보일러를 켰을 때 가습기를 함께 사용하여 실내 습도를 높이면 온도가 빨리 올라간다.

⑥ 겨울철 난방을 위한 적정 실내온도를 25℃~28℃로 맞춰 놓는다.

30. 다음 중 음식물쓰레기로 분리 배출해야 하는 것은 무엇일까요?

① 옥수수껍질　　② 조개껍데기　　③ 녹차 찌꺼기　④ 닭 뼈다귀

⑤ 달걀 껍데기　　⑥ 귤껍질　　　　⑦생선 뼈

31. 다음 교통수단을 1인 기준 킬로미터 당 이산화탄소 배출량이 적은 순서로 배열해 보세요.

기차 · 오토바이 · 중형차 · 비행기 · 자전거 · 버스 · 소형차

32. 다음 중 지속가능한 발전이 추구하는 원칙이 아닌 것은 무엇일까요?

① 한정된 에너지를 최대한 효율적으로 이용한다.

② 국가 간에 자유로운 교역이 이루어지도록 한다.

③ 미래 세대들도 지구의 자원을 충분히 사용할 수 있도록 배려한다.

④ 부의 차이와 불평등을 줄인다.

33. 다음 중 리우환경협약에서 합의한 내용에 해당하지 않는 것을 골라 보세요.

① 온실가스의 배출을 줄이기 위해 온실가스 배출량과 제거량을 모두 조사해 위원회에 보고한다.

② 기후변화 방지를 위한 국가계획을 작성한다.

③ 지구 평균온도가 산업화 이전 수준 대비 2℃ 이상 상승하지 않도록 온실가스 배출량을 단계적으로 감축한다.

④ 주요 사안들에 대해 결정하기 위해 매년 한 번씩 열리는 당사국총회에 참석한다.

34. 다음 중 IPCC에 관한 내용으로 틀린 것은 무엇일까요?

① 기후변화에 관한 과학적 정보를 검토하고 공유한다.

② 매년 기후변화와 관련된 특별보고서를 작성하여 보고한다.

③ 기후변화가 환경, 사회, 경제에 미치는 영향을 평가하여 대책을 마련한다.

④ IPCC는 2007년 노벨 평화상을 공동 수상하였다.

⑤ 유엔환경계획(UNEP)과 세계기상기구(WMO)가 기후변화를 분석하기 위해 설립한 유엔 산하 협의체.

35. 지구 온난화로 인한 기후변화에 대응하기 위한 국제간의 협약을 체결된 순서대로 나열한 것을 고르세요.

① 교토의정서 ▶ 리우환경회의 ▶ 파리기후협약

② 리우환경회의 ▶ 교토의정서 ▶ 파리기후협약

③ 교토의정서 ▶ 파리기후협약 ▶ 리우환경회의

④ 리우환경회의 ▶ 파리기후협약 ▶ 교토의정서

⑤ 파리기후협약 ▶ 교토의정서 ▶ 리우환경회의

1. ③
   ＊ 세 번째 대멸종은 2억5천만 년 전 고생대 페름기에 일어났으며 이때 해양생물의 96% 육지생물의 70% 가량이 멸종했을 것으로 추측됩니다.

2. ⑤

3. ⑤
   ＊ 지구상 생명체 중에는 무성생식을 하는 것들도 많습니다.

4. ④

5. ⑤

6. ⑥

7. ③
   ＊ 한국은 현재 물 부족 국가입니다.

8. ①

9. ①
   ＊ 파리 기후협약은 지구 평균온도가 2℃ 이상 상승하지 않도록 온실가스 배출량을 단계적으로 감축한다는 구체적인 협약을 이루어냈다는 데에서 의미가 있습니다.

10. ④

11. ⑤

12. ④
    ＊ 우리나라에서는 2015년부터 온실가스배출권 거래제를 시행하고 있습니다.

13. ④

14. ①

15. ①

16. ⑥
    ＊ 천연가스는 석유나 석탄과 함께 매장되어 있는 가스 상태의 화석연료입니다.

17. ⑦
    ＊ 인터넷 쇼핑은 상품의 장거리 이동으로 많은 온실가스를 배출하므로 되도록 로컬 제품을 이용하는 것이 좋습니다.

18. ④
    ＊ 태양열로 물을 끓여 전기를 발생시키는 것은 태양광 에너지입니다.

19. ④

20. ②

21. ③

22. ⑥, ⑦

23. ④
    ＊ 원자력발전소의 이산화탄소 배출량은 석탄 발전의 100분의 1 정도로 매우 낮은 편입니다.

24. ②

25. ⑤
    ＊ LED 등은 전기 에너지의 90%를 빛으로 전환시켜 백열등의 5%, 형광등은 40%보다 에너지 효율이 높습니다.

26. ②, ⑤
    ＊ 부피가 큰 과일이나 채소 등의 음식물 쓰레기는 잘게 부수어 배출하는 것이 좋습니다.
    ＊ 쓰레기를 배출할 때 라벨은 잘 떼어낸 뒤 배출해야 합니다.

27. ②

28. ⑤

29. ②
    ＊ 보일러 전원을 껐다 다시 켜면 내려갔던 온도를 다시 끌어올리기 위해 연료가 더 많이 소모됩니다.

189

30. ⑥

   ＊ 보기 중 귤껍질을 뺀 나머지는 일반쓰레기로
규정된 쓰레기봉투에 담아 배출해야 합니다.

31. 자전거 ▶ 기차 ▶ 버스 ▶오토바이 ▶ 소형

    차 ▶ 중형차 ▶비행기

32. ②

33. ③

34. ②

   ＊ IPCC의 특별 보고서는 5년~7년 간의 과학적
자료들을 모아 발표합니다.

35. ②

생명 위기에 맞서는 청소년들의 행동 선언

어떻게 지구를 구할까?

1판 1쇄 발행 2022년 5월 8일
1판 2쇄 발행 2023년 10월 20일

지은이 오렐리앙 바로
옮긴이 조정훈
책임편집 박찬규
디자인 페이지트리
펴낸이 박찬규
펴낸곳 구름서재
등록 제396-2009-000058호
주소 서울시 마포구 서교동 375-24 그린홈 403호
전화 02-3141-9120 / **팩스** 02-6918-6684
이메일 fabrice1@chol.com
블로그 http://blog.naver.com/fabrice
ISBN 979-11-89213-27-5 (43300)